Das Buch

Das Haus, in dem Angela Carter ihre Kindheit zugebracht hat, muß schon ein bißchen kurios gewesen sein. Eng, kleinbürgerlich und sehr englisch (auch wenn ihr Vater, von dem sie wohl ihren trockenen Humor geerbt hat, ein Schotte gewesen ist). Zur Feministin dagegen ist sie in Japan geworden, wie sie erzählt. »Ich begriff, was es heißt, eine Frau zu sein, und das machte mich radikal.« Ihre geschärften kritischen Fähigkeiten und ihren boshaften Witz bekamen bald einige Leute zu spüren, als sie zurückkam: Wenn sie Modetrends, Kosmetik, männliche Aktmodelle oder Reizwäsche analysiert, öffnen sich Leserinnen und Lesern geradezu automatisch die Augen; und Tabus kennt sie nicht. Ähnlich scharfsichtig sind ihre Gedanken über Wedekind, japanische Erotika, Linda Lovelace, ›Prinzessin Daisy‹, Katherine Mansfield, D. H. Lawrence oder Colette. Angela Carter ist ein ungebärdiger Kopf, ihre Neugier kennt keine Grenzen, und sie hat nicht viel ausgelassen.

Die Autorin

Angela Carter wurde am 7. Mai 1940 in Eastbourne/England geboren. Nach dem Studium arbeitete sie als Journalistin, reiste dann um die Welt, war zwei Jahre in Japan, lehrte an verschiedenen Universitäten und lebt heute wieder in London. In deutscher Sprache liegen vor: ›Sexualität ist Macht. Die Frau bei de Sade‹ (1981), ›Blaubarts Zimmer. Märchen aus der Zwischenwelt‹ (1982), ›Die infernalischen Traummaschinen des Doktor Hoffman‹, ›Nächte im Zirkus‹ (1984), ›Helden und Schurken‹ (1989).

Angela Carter:
Nichts heilig
Feministische Ansichten

Deutsch von Monika Blaich

Deutscher
Taschenbuch
Verlag

dtv

Von Angela Carter
sind im Deutschen Taschenbuch Verlag erschienen:
Die infernalischen Traummaschinen
des Doktor Hoffman (10850)
Nächte im Zirkus (11048)

Deutsche Erstausgabe
1. Auflage Januar 1990
Deutscher Taschenbuch Verlag GmbH & Co. KG,
München

Titel der englischen Originalausgabe:
›Nothing Sacred. Selected Writings‹ (Virago
Press Limited, London 1982 · ISBN 0-86068-269-2)

Die englische Ausgabe wurde für die vorliegende
Ausgabe um die Artikel ›A Fertility Festival‹,
›The Donnie Ferrets‹, ›Fun Fairs‹,
›Acting it up on a Small Screen‹, ›Spend, Spend,
Spend‹ und ›Titillation‹ gekürzt.
Umschlaggestaltung: Celestino Piatti
Umschlagbild: Elvira Bach
Gesamtherstellung: C. H. Beck'sche Buchdruckerei,
Nördlingen
Printed in Germany · ISBN 3-423-11165-8
1 2 3 4 5 6 · 95 94 93 92 91 90

Inhalt

Mutterhaus

Das erste Haus, in dem ich gewohnt habe und an das ich mich erinnern kann, vermittelt ein falsches Bild unserer Lebensumstände. Dieses Haus gehörte zur Lebensarchäologie meiner Großmutter mütterlicherseits, und Großmutter grub es aus und tauchte wieder in dieses Haus ein, als die Zeiten kritisch wurden, das heißt 1940. Sie nahm mich mit aus Gründen der Sicherheit, was zur Folge hatte, daß ich mich immer sicher fühle in South Yorkshire.

Dieses erste Haus, an das ich mich erinnere, war ein lebendes Fossil, ein zusammengestückeltes, schiefergedecktes Bergmanns-Reihenhaus aus roten Ziegeln, errichtet in einer Bauweise, die im Vergleich zum sonst im Dorf üblichen Stil des neunzehnten Jahrhunderts fast antik anmutete. Die Toilette befand sich am Ende des Gartens hinter ein paar struppigen Chrysanthemenbüschen, die niemals hübsch aussahen, sondern immer dürr, und die niemals blühten. Sie wirkten wie die ewigen Geister ihrer selbst, schlecht genährt von einem ausgelaugten Boden. Der Garten schloß sich nicht unmittelbar an das Haus an. Die Hintertür ging vielmehr auf einen gepflasterten Hof hinaus, neben dessen hinterem Tor sich wiederum eine Grube für Kohlenvorräte befand. Meine Großmutter hatte diese Grube behutsam mit Diebesgut angefüllt, denn im Gegensatz zu den anderen Häusern der Siedlung hatten wir kein Anrecht auf die kostenlose Zuteilung für Bergarbeiterfamilien. Wir brauchten sie auch nicht. Wir kamen ausgezeichnet zurecht. Aber Großmutter konnte es nicht lassen, hier und da einen Brocken zu klauen. Diese Tätigkeit nannte sie »moppen«, ein Wort, das sie entweder selbst erfunden hatte oder das aus einem Dialekt stammte, den ich nicht kannte.

Zwischen Hoftor und Gartentor verlief ein Zufahrtsweg, so daß es ein langer Ausflug zur Toilette hinaus war, besonders im Winter. Häufig benutzten wir Nachttöpfe – »jerries« –, ein Begriff, der angesichts der Kriegshandlungen Anlaß zu großer Heiterkeit bot, da er zugleich auch die Deutschen und besonders die deutschen Soldaten bezeichnete. Meine Mutter zitierte auch gern den zarten, ein wenig anzüglichen viktorianischen Scherz: »When did the queen reign over China?« Dieses harmlos-witzige, leicht skatologische Wortspiel war meine erste Einführung in die wundervolle Welt der Begriffsveränderungen und vermittelte mir zugleich die Erkenntnis, daß ein Witz nicht unbedingt komisch sein mußte, um Spaß zu machen.

Jenseits der Backstein-Toilette, zu der wir uns nach Einbruch der Dunkelheit den Weg mit einem Windlicht erhellten, befand sich eine rote, altersfleckige, angerußte Ziegelmauer, die ein brachliegendes Feld abgrenzte; dieses Feld wurde von einem tristen Kanal durchschnitten, in dem häufig alte Matratzen und Fahrradteile schwammen. Der Kanal war von grausam gestutzten Weiden gesäumt, deren Zweige stets mit zusammengeknoteten Lumpen behängt waren. Warum, weiß ich nicht. Es war ein überraschender, ein magischer Anblick. Zwischen dem Müll, wo wir Kinder häufig spielten, hatten sich seltsame Lachen lehmigen, öl-schmierigen Wassers gebildet. In einer von ihnen war einmal ein Nachbarskind ertrunken.

Im Gegensatz zur Trostlosigkeit dieser Landschaft waren die Bewohner von mediterraner Extrovertiertheit und Redseligkeit. Auch die ganze Erdverbundenheit dieses Arbeitermilieus, das Bergarbeiter-Haus, das Plumpsklo hinten im Garten und all das sind zwar echt, aber nicht ganz realistisch. Der Prozeß sozialer Mobilität war schon im Gange, lange bevor ich in den Gedanken meiner Eltern auftauchte, obgleich meine Mutter mir immer versichert hat, daß man eigentlich an mich nie so richtig gedacht hatte, sondern daß ich einfach kam und zwar, um es offen zuzugeben, irgendwie ungelegen.

Wir traten diese Reise zurück zu den Anfängen, nicht meiner Mutter, sondern der Mutter meiner Mutter, wegen des Krieges an. Meine Großmutter selbst hatte seit ihrer Mädchenzeit nicht mehr in ihrem Heimatdorf gelebt, und nun war sie eine alte Frau, gedrungen, grimmig und schwarz gekleidet wie die Granny in den Bildgeschichten im ›Sunday Express‹. Ich glaube, weil sie, die alte Frau, mich mit zurücknahm in ihre Kindheit, bin ich in den ersten fünf Jahren meines Lebens gewissermaßen zu dem Kind geworden, das sie gewesen war. Sie zog mich als zähes, hochmütiges und rechthaberisches Yorkshire-Kind auf, und meine Mutter stand dem machtlos gegenüber.

Meine Mutter erfuhr kurz vor Ausbruch des Zweiten Weltkriegs, daß sie mich erwartete; und mit der in der Familie verbreiteten Neigung zu einem gewissen »magischen Realismus« erzählte sie mir später, daß sie genau an jenem Tag zum Arzt gegangen sei, an dem der Krieg erklärt wurde. Es muß eine bedrückende und turbulente Schwangerschaft gewesen sein. Kurz nachdem sie angefangen hatte, den ganzen Entbindungs-Krimskrams zusammenzusuchen, wurden alle Kinder aus Süd-London an die Südküste evakuiert – fort aus dem Bombenhagel, dachte man. Mein Bruder, damals elf, wurde mit ihnen fortgeschickt, und meine Mutter folgte ihm, da mein Vater schnell eine Wohnung in einem aufstrebenden Badeort mit Kiesstrand gemietet hatte. Deshalb wurde ich in Eastbourne geboren, was ich mir nicht gerade selbst ausgesucht hätte, obgleich meine Mutter sagte, daß ich wohl nicht so hochnäsig auf diesen Ort herabsehen würde, wenn Debussy ›La Mer‹ am Beachy Head komponiert hätte.

So gingen sie alle fort, meine Mutter mit meinem embryonalen Ich und mein Bruder, und meine Großmutter mütterlicherseits kam mit, um für alle zu sorgen, während mein Vater, der im Reservedienst war (er hatte den gesamten Ersten Weltkrieg hindurch gedient), in London zurückblieb, um zu arbeiten; doch er kam heraus zu uns, wann immer er es einrichten konnte, und das war sehr oft, denn er und meine Mutter hingen sehr aneinander.

Die Wehen meiner Mtter hatten in Eastbourne begonnen, und als sie vorüber waren, war Eastbourne plötzlich die Front, denn Dünkirchen war gerade gefallen, während ich mir den Weg in dic Welt hinaus bahnte. Meine

Großmutter sagte, es gäbe nur *einen* Ort auf der Welt, den zu bombardieren die Deutschen niemals wagen würden. Also zogen wir alle in ein Haus um, das mein Vater für uns gemietet hatte und das neben dem Haus lag, in dem meine Großtante Sophia, die Schwester meiner Großmutter, und ihr Bruder, Großonkel Sydney, lebten. Und obwohl die Deutschen die Südküste in Grund und Boden bombardierten und auch große Teile von Sheffield, nur zwanzig lächerliche Meilen von dem Ort entfernt, wo wir hingezogen waren, in Schutt und Asche legten, traf uns keine Bombe, ganz wie Großmutter vorausgesagt hatte.

Onkel Syd arbeitete in der Manvers Main Zeche. Er war ein großer, hagerer Mann von einer wunderbaren scheuen Würde, der, soviel ich weiß, ursprünglich Buchmacher werden wollte, aber das hatte seine Mutter nicht zugelassen. Die Farben an ihm erinnerten mich an das Gefieder von Tauben, sanfte Grautöne gingen in ein Beige über, die Farbe der Kleidung, die er trug, als ich ihn zuletzt sah, nämlich als er zur Beisetzung meiner Großmutter in den Süden herunter kam. Und eine Perle als Krawattennadel. Und eine goldene Uhrkette, die quer über seiner kamelhaarfarbenen Weste hing.

Sophie war Lehrerin. Sie besaß keinerlei offizielle Qualifikation, glaube ich, sie hatte nur einfach die Schule niemals verlassen und war dageblieben, um den Jüngsten das Lesen, Schreiben und Rechnen beizubringen, und das tat sie, bis zu ihrer Pensionierung in den fünfziger Jahren. Ihre Qualifikation bestand vor allem aus ihrer Erfahrung, einer natürlichen Begabung und wahrscheinlich Charakterstärke. Außerdem hatte sie bis dahin schon mehrere Generationen des Dorfes das Lesen und Schreiben gelehrt und vermutlich auch den meisten Mitgliedern des Gemeinderats diese Kunst beigebracht. Auch sie besaß eine ausgeprägte Würde, die sich in Fragen der Form äußerte; ich kann mich daran erinnern, daß beide – im Gegensatz zu meiner Großmutter, die den größten Teil ihres Lebens in London verbracht hatte – sehr leise Stimmen hatten, Stimmen, die zum Leben auf dem Lande paßten. Allerdings hörten wir Syds Husten durch die Wand, diesen entsetzlichen Stickhusten, den alle Männer über vierzig im Dorf hatten.

Das Kohlerevier von South Yorkshire ist nicht halb so häßlich, wie es auf den ersten Blick scheinen mag. Ähnlich wie in den Potteries in Nord-Staffordshire scheint die Zeit stehengeblieben zu sein, und noch immer herrscht hier eine halb ländliche Gesellschaftsform, wie sie wohl in den frühen Tagen der Industriellen Revolution existiert hat. Die verwundete und ausgebeutete Landschaft bleibt außerhalb der Gruben saftig und grün; Schafe weiden bis an die Fördertürme heran, wenn auch die Schafe, die ich als Kind gesehen habe, alle schwarz vor Ruß waren; und der Markt von Doncaster ist bei weitem reicher an heimischen landwirtschaftlichen Erzeugnissen als die sogenannten Märkte in Devon. Man erlebt hier eine geradezu unenglische intensive Beschäftigung mit dem Essen; Schweinefleisch wird in erstaunlich köstlicher Vielfalt verarbeitet, doch auch Butter und Käse sind gut und ebenso das Brot, dessen für den nächsten Morgen backende Laibe die Luft um die Bäckerei an der Ecke die halbe Nacht hindurch mit ihrem Duft erfüllen.

Die Straßen der in rotem Backstein erbauten Dörfer verlaufen parallel und gitterförmig, die billigste Bebauungsform für Arbeiterfamilien, und doch gelingt es ihnen, sich den Bewegungen der Landschaft mit ihren sanften Hügeln in einer gewissen schmutzigen Hartnäckigkeit anzupassen; man findet hier nicht die dramatische Szenerie West-Yorkshires, sondern hat eher den Eindruck einer schmuddeligen ländlichen Idylle. In ihrer Freizeit wilderten die Bergleute, und es gab einige berühmte Wildschützen unter ihnen. Meine Großmutter lehrte mich Lieder, die den Gefährten des Wilderers, den listigen Fuchs, besangen und seine Beutezüge auf den reichen Bauernhöfen:

Mütterchen Flipperty-flop sprang aus dem Bett,
aus dem Fenster lehnt sie sich fett –
Johann, die Gans ist weg, die graue,
der Fuchs schleppt sie zu seinem Baue!
Oh je, oh je, oh je!

Es ist beinahe die Landschaft, die D.H. Lawrence beschreibt, die Landschaft der Chatterleys, und der Jagdhüter Mellors hatte eine so brutale Einstellung den Wilderern gegenüber, wie nur ein echter Klassenverräter sie haben konnte. Lawrence hat das alles ausgeplaudert, dieser große, schuldbewußte Chronist englischer sozialer Bewegungen, dieser typische, schäbige Brite mit seinem empfindlichen, selbstgerechten, schamhaften Klassenbewußtsein – und das ist auch der Grund, warum man sich an britischen Universitäten so stark mit ihm identifiziert, behaupte ich. Ich kenne die *Wahrheit.* Er und seine Mutte mit ihrem affigen Getue.

Auf der Suche nach der Atmosphäre, in der meine Großmutter und ihre Familie vor achtzig oder neunzig Jahren in einem vielleicht noch etwas schmutzigeren Dorf als Eastwood gelebt haben mögen, habe ich vor kurzem den ›Regenbogen‹ gelesen. Und dann sah ich Sophie, die wie Ursula Brangwen in der Schule Unterricht gab, es jedoch sehr viel geschickter anstellte, wie ich zum Glück sagen darf, vielleicht weil niemand sie auf die Sheffield High School geschickt und ihr beigebracht hatte, sich Allüren zuzulegen. Zu diesem Thema habe ich noch immer die Worte meiner Großmutter im Ohr.

Den weiten Weg nach Leeds, wo sie Kunstunterricht nahm, hat Sophie allerdings nie gescheut! Ruskin hatte einen großen Einfluß in dieser Gegend. Soweit ich weiß, hat Sophie als Erwachsene nie mehr zum Vergnügen gezeichnet oder gemalt, doch mir hat sie die Grundzüge der Perspektive und den größten Teil des Alphabets schon beigebracht, bevor ich fünf war. Hatte ihr Vater, mein Urgroßvater, ein Pub besessen? – An dieser Stelle verschwinden meine Ahnen im Nebel. In Sheffield gibt es eine Brauerei, die ihren Familiennamen trägt, doch es ist ein in South-Yorkshire recht gebräuchlicher Name. Irgendein Verwandter soll der Hahnenkampfkönig des ganzen Landes gewesen sein, doch all das ist heute unwiederbringlich versunken. Ich weiß nicht, ob meine Vorfahren überhaupt jemals bessere Zeiten erlebt haben, aber ich bezweifle es eher.

Dennoch gab es in Sophies kaum taschentuchgroßem Wohnzimmer eine wunderschöne Heimorgel, eine

Standuhr, die so alt war, daß sie heute im Museum von Barnsley steht, und eine Vitrine voll alten, blau-weißen Porzellans, das besonders schön gewesen sein muß, denn meine Mutter war immer ganz wild darauf, hat es aber am Ende doch nicht in die Hände bekommen, da Sophie sie überlebt hat, sehr zu ihem eigenem Kummer. Abends war die Küche erhellt vom dämmerig-grünen altmodischen Licht der Gasglühstrümpfe; zum Schlafengehen nahmen wir Kerzen mit die steile Holztreppe hinauf. Es gab einen Kohleofen, den Sophie immer schwärzte; kein Warmwasser; die Zinkwanne, in der Syd seinen Grubenstaub abwusch, wurde mit Wasserkesseln gefüllt. In Manvers Main gab es bis zur Verstaatlichung der Grube 1947 keine Waschkaue.

Nach Schweiß und der mineralischen Schärfe des Kohlestaubs riechend, kamen die Arbeiter wie für einen Mummenschanz geschwärzt mit leuchtenden Augäpfeln und Zähnen in ihren zerlumpten Jacken, Hosenträgern, Arbeitsanzügen von der Schicht. Ich erinnere mich daran, wie sie in Gruppen erschöpft nach Hause wankten und dabei so überwältigend, so froh und auf so stolze Weise schmutzig waren, daß es beinahe übermenschlich erschien. Ich steh' nun mal auf Arbeiterhelden. Ich glaube, die meisten von ihnen dachten, Verstaatlichung bedeutete Herrschaft der Arbeiter, und sie waren zu Recht sauer, als ihnen klar wurde, daß dem nicht so war, daß sie von der Labour Party verraten worden waren, wie schon so oft.

Der Tod gehörte ebenfalls zum täglichen Leben; kaum eine Familie, die nicht ihre tödlichen Unfälle hatte, ihre verstümmelten, ihre graugesichtigen alten Männer, die sich im Lehnstuhl neben dem Herd die Lunge aus dem Halse husteten, und selbstverständlich waren alle sehr arm. Erst ab 1960 kriegten Bergleute das, was man einen vernünftigen Lohn nennen konnte, und damals hatte Sophie bereits Elektrizität, ein Badezimmer und einen Gasherd, Privilegien, die sie ohne jede Dankbarkeit von der staatlichen Minenverwaltung annahm, denn schließlich war das nur ihr gutes Recht.

Natürlich romantisiere ich jetzt. Warum, zum Teufel, auch nicht? Ich heule aus blankem Zorn, wenn ich an den

Bergwerken vorbeifahre, die die Bahnlinie von Sheffield nach Leeds säumen; an den Grubenanlagen, diesen großartigen und gefühllosen Denkmälern für unbekannte Tote.

Unsere Familie hat keinen besonders engen, jedoch einen ziemlich zwanghaften Zusammenhalt, der, wie wohl schon deutlich wurde, durch eine subjektiv gesehen reiche, objektiv gesehen eher normale Familienfolklore genährt wird. Auch hat sie, selbst wenn man sich nicht häufig sieht, gewisse klaustrophobische Züge, wie jüdische Familien, mit denen wir viel Gemeinsames haben. Ich kann mich der Familie nicht entziehen und will es auch gar nicht. Die Familienmitglieder wohnen in meinem Herzen, und zur sentimentalen Rhetorik eines solchen Satzes bin ich wohl auch nur deshalb fähig, weil ich von den Vorfahren meines Vaters die schottische Sentimentalität geerbt habe, die meiner Mutter immer so peinlich gewesen ist.

Da es sich um einen matriarchalischen Clan handelte, überwog die Familie meiner Mutter zunächst vollkommen in meinem Bewußtsein, wenn auch nicht bis zum Schluß.

Meine Großmutter mütterlicherseits kam mir als Kind wie eine Frau von so großem körperlichen und geistigen Gewicht vor, daß es mich nicht gewundert hätte, wenn sie eine größere Schwerkraft besessen hätte als andere Menschen. Sie stammte aus einer Gemeinschaft, in der die Frauen das Sagen hatten, und ganz nebenbei pflanzte sie mir ein Gefühl für die Überlegenheit meines Geschlechts im Gefüge der Dinge ein. Jedes ihrer Worte, jede ihrer Gesten drückten natürliche Dominanz und angeborene Energie aus. Für all dies bin ich ihr heute sehr dankbar, obwohl diese eiserne Festigkeit mir eher hinderlich war, als ich in den späten Fünfzigern im Süden nach Jungen Ausschau hielt und man von Mädchen erwartete, daß sie sanft, süß und rosig wie Marzipan waren.

Großmutter war neunzig, als sie vor zehn Jahren starb, und wenn ich an sie zurückdenke, so höre ich sie über die Bergarbeiteraufstände ihrer Mädchenjahre erzählen. Wie die Kumpel in ihren Lumpen mit dem Grubenstaub auf der Haut mit Fahnen und Musik vorbeimarschierten und

Harmonika spielten, und wie sie selbst aus dem Dachgeschoß des Hauses, in dem sie als Dienstmädchen arbeitete, zugeschaut hatte. Als Dienstmädchen muß sie schrecklich gewesen sein – unnatürlich servil, bis irgend etwas in ihr zersprang.

Mein Großvater mütterlicherseits, der schon vor meiner Geburt gestorben war, stammte ursprünglich aus East Anglia. Aber da es dort in der Landwirtschaft keine Arbeit gab, ging er zur Armee, und ich nehme an, sein Regiment ist nach South-Yorkshire geschickt worden, um dort die Aufstände niederzuschlagen. Das hat mir niemand jemals so ausführlich erzählt, aber ich kann mir nicht erklären, aus welchem anderen Grund er dort hingekommen sein sollte, gerade zum richtigen Zeitpunkt, um meiner Großmutter in den späten achtziger oder frühen neunziger Jahren des letzten Jahrhunderts zu begegnen. Er begegnete ihr jedenfalls, sie verlobten sich, und er wurde nach Indien geschickt.

Als wir die persönlichen Dinge meiner Großmutter durchsahen, fanden wir einen kleinen Stapel von Urkunden über Examen, die mein Großvater in der Armee absolviert hatte. In Belutschistan, im Pandschab, in Simla hatte er sich eine erstaunliche Belesenheit sowie gute Kenntnisse im mathematischen Bereich erworben. Auch mußte er gelernt haben, wie der Teufel zu diskutieren. Außerdem hatte er sich radikales Gedankengut angeeignet, soweit dessen Keime nicht schon durch den brodelnden Radikalismus der Kohlefelder gelegt worden waren. Sieben Jahre lang schrieb er meiner Großmutter einmal wöchentlich. Unsentimental, wie sie nun einmal war, bewahrte sie allerdings nicht die Briefe mit all den Einblikken in die Entwicklung eines Unteroffiziers auf, der anhand der Widersprüche des Kolonialsystems sein Klassenbewußtsein erlangte, wohl aber die Briefmarken. Was für Briefmarkenalben besaßen doch meine Onkel!

Von all den Toten in meiner Familie ist dieser unbekannte Großvater derjenige, mit dem ich mich besonders gern unterhalten hätte. Er besaß den größten Schatz an Erfahrungen und vielleicht auch die ausgeprägteste Fähigkeit, diese Erfahrungen zu deuten. Es gibt Dinge an ihm, die mir Freude machen: Zum Beispiel hat er in seinen späteren Jahren, wenn auch nur in bescheidenem Ausmaß, gern als Hobby an der Börse spekuliert, fast so, als wollte er sich selbst beweisen, nach welchem kindisch-einfachen System Kapitalismus funktionierte. Meine Großmutter vereitelte diese Neigung, sie hatte Banken stets mißtraut, sie bewahrte sein Geld in Matratzen auf, na ja, nicht wörtlich, aber in Keksdosen, die sie in ihrer großen, schwarzen Ledertasche mit sich herumtrug.

Als der Vater meiner Mutter heimkam, heiratete er Großmutter, trat der Independent Labour Party bei und zog nach London, zuerst nach Southwark, dann nach Battersea. Vier Kinder in einem Zwei-Zimmer-Küche-Kaninchenstall. Ein Hof, kein Garten. Kein Bad. Bis zu ihrem Lebensende hat sich meine verrückte Tante, die bei Großmutter lebte, im öffentlichen Sitzbad gewaschen.

Sie waren auf großartige Weise ungewöhnlich. Es gab ein Klavier für die Kinder, die Klavier spielten, und sie gehörten einer Laienspielgruppe an. Sie sahen sich Shakespeare und Ibsen und Sybil Thorndyke in der ›Heiligen Johanna‹ am Old Vic an. Er war Angestellter im Kriegsministerium; er hatte seine Bildung dazu benutzt, sich von körperlicher Arbeit freistellen zu lassen, erkletterte zuerst Sprosse für Sprosse die Leiter sozialer Mobilitäten und war dann in einer der ersten kirchlichen Gewerkschaften tätig. (Was ein Karriereknick gewesen sein könnte.) Er verließ die Slums mit den Füßen zuerst, in seinem Sarg; Großmutter hat dort ausgehalten, bis die Straße 1956 abgerissen wurde. Vor dem Ersten Weltkrieg leitete er eine Versammlung, bei der Lenin sprach. Er hat Lenins Hand geschüttelt und holte auch meinen ältesten Onkel, der damals noch ein kleiner Junge war, zu sich aufs Podium, damit er Lenin ebenfalls die Hand schütteln konnte. Dieser Onkel jedoch wuchs heran und bezog einen politischen Standpunkt, den die Amerikaner als rechts von Attila dem Hunnenkönig bezeichnen würden.

Mein Großvater mütterlicherseits starb an Zirrhose. Obgleich er Zeit seines Lebens Abstinenzler war, hatten die Jahre in Indien seine Leber ruiniert. Das Haus meiner Großmutter war angefüllt mit Andenken an das Empire, da gab es einen Elefanten aus Ebenholz, Speere, eine geschnitzte Kokosnußschale, die die hinduistische Kosmogonie darstellte und herrliche Muscheln aus tropischen Meeren. Einige trugen eingestanzte Aufschriften wie »Andenken an die Andamanen«. Auch gab es Unmengen von Porzellannippes, Krüge, Teekannen und Zuckerdosen, die an sämtliche Krönungstage erinnerten, von Edward VII. bis Elizabeth II.; es gab sogar einen Ständer mit purpurrot emaillierten Zinntabletts, von Victorias diamantenem Thronjubiläum. Das gehört nun einmal zu den Widersprüchen des englischen Sozialismus. Und Unmengen von Büchern natürlich, ein paar recht seltsame darunter: ›Buch der Märtyrer‹ von Foxe, nicht ein Exemplar, sondern gleich drei, Macchiavelli und ›Zwanzigtausend Meilen unter dem Meer‹.

Die Kinder waren unermüdliche Autodidakten, Examensabsolventen und Gewinner von Preisen, die Wandregale waren vollgestopft mit Auszeichnungen für gutes Benehmen, für besondere Begabung, für allgemein vorzügliche Leistungen, für gute Fortschritte überhaupt, und doch hat meine Großmutter meiner Mutter alles versaut. Meine Mutter war nämlich ein unerträglich gescheites Mädchen und erhielt ein Stipendium für ein höheren Töchtern vorbehaltenes Mädchengymnasium – eine tolle Sache für jemanden, der von der Volksschule in Battersea kam. Meine Großmutter nahm auch an allen Preisverleihungen teil, um zuzusehen, wie meine Mutter ihre Auszeichnungen einheimste, aber sie trug bei diesen Gelegenheiten eine riesige Anstecknadel mit der Aufschrift »Wahlrecht für Frauen« am Revers, und meine Mutter, meine arme Mutter genierte sich, weil meine Großmutter ihre Chance, eine höhere Tochter und Lady zu werden, mit dieser Demonstration, daß sie gar keine sein wolle, von vornherein ruinierte. (Meine Mutter sang mir immer gern die Internationale vor, aber nur weil ihr die Melodie gefiel.)

Vielleicht schämte sich meine Mutter auch deshalb für Großmutter, weil sie bis zu ihrem letzten Tag breiten Yorkshire-Dialekt sprach und Anfangs- oder Endkonsonanten verschluckte oder falsche Vokale gebrauchte und auch sonst recht derbe Reden führte. Wenn sie einem schwerfällig einen Teller mit Essen vorsetzte, knurrte sie dazu: »Da, schieb's dir rein.« Sie brachte mir das Pfeifen bei. Sie haßte Tränen und grundloses Jammern. »Sei nicht so weichlich«, sagte sie immer. Sie hatte zwar oft unrecht, doch dumm war sie nie. Hatte ich oder jemand anderer eine Dummheit gesagt, vernichtete sie einen mit der Bemerkung: »Du fürchterlicher Blödhammel«, wobei sie den Umlauten »ü« und »ö« jeweils einen zweiten Umlaut hinzufügte, so daß etwas wie „füöchterlicher Blöädhammel« daraus wurde.

Als ich achtzehn war, besuchte ich sie einmal, aufgetakelt mit dem ganzen entsetzlichen Modepomp der Möchte-gern-Haute-Couture der späten fünfziger Jahre: schwarze Netzstrümpfe, Stöckelschuhe, knallenger Rock, Jacke mit schwarzem Fuchskragen. Sie lachte so sehr, daß sie sich in die Hose machte. »Warte ein paar Jahre, und du bist alt und häßlich, genau wie ich«, gackerte sie. Sie selbst trug stets dunkle Kleider aus schwerem Rayon-Krepp und graue Flor-Strümpfe, die unter dem Knie von zusammengeknoteten Gummibändern gehalten wurden.

Ihre Person hatte etwas Architektonisches an sich; immer wenn ich einen der großen Londoner Bahnhöfe sehe, besonders St. Pancras, mit dem ganzen Ruß und all den Türmchen, muß ich an sie denken. Ihre Töchter, die sie nie verstanden hatte, wurden stets von ihr überschattet – meine Mutter, die immer alles hübsch haben wollte; meine verrückte Tante. Meine Mutter hatte nicht einmal die Kraft, einen größeren räumlichen Abstand zu gewinnen, ganz zu schweigen von der Möglichkeit, das alte Monster emotional auch nur auf Armeslänge von sich fernzuhalten. Obwohl Großmutter nur damals in Yorkshire mit uns zusammen gewohnt hat, und sofort in ihr eigenes, fünf Meilen entferntes Haus zurückkehrte, als wir nach Abschluß des Waffenstillstandes alle nach London zurückgingen, habe ich sie immer als unabänderlich gegenwärtig empfunden, bis ich zehn oder elf war, eine Zeit, in der sie anfing, körperlich schwächer zu werden. Ich hätte beinahe »zerbrechlich« gesagt, aber das wäre wohl das falsche Wort.

Aber die Energie meiner Großmutter war auch eine Beschränkung. Für meine Mutter sollte es keine Kämpfe geben. Sie heiratete früh einen Mann, der sie anbetete und ihr alles nachsah, sie war von schwacher Gesundheit, sprach das normale Englisch des Londoner Südens und trug noch schöne Kleider, als sie schon lange Ehefrau und Mutter war. Meiner Großmutter war wohl bewußt, daß sie keine Qualitäten besaß, die sie sinnvollerweise diesem Kind hätte weitergeben können, diesem Kind, das ihr wohl wie eine Fremde vorgekommen sein muß. Statt dessen nörgelte sie ständig an den offenkundigen Schwächen ihrer Tochter herum. Heute im Rückblick, wünsche ich mir manchmal, ich wäre in der Lage gewesen, meine Mutter vor der herrschsüchtigen alten Vettel mit ihrer derben Sprache und ihrem primitiven Gerechtigkeitssinn zu beschützen, doch damals habe ich das nicht so gesehen. Ich sah nicht, daß sich da zwischen Mutter und Tochter ein Drama abspielte.

Bei meiner Hochzeit streute sich meine Großmutter braunen Zucker auf den Räucherlachs und verspeiste den mit großem Vergnügen. Sie war nicht einverstanden mit dem Mann, den ich geheiratet habe, denn er trug einen Gürtel, um seine Hose festzuhalten und keine Hosenträger. Sie trug einen Haarknoten mitten auf dem Kopf, den sie mit riesigen Schildpattnadeln befestigte.

Als ich in Japan lebte, lernte ich die Toleranz schätzen, mit der die Japaner die Tatsache akzeptieren, daß wir unsere Familien nicht freiwillig wählen und daß Liebe im Sinne einer leidenschaftlichen Bindung damit nichts zu tun hat. Die Japaner besitzen sogar ein eigenes Verb, das die tyrannische Zuneigung zwischen diesen zufällig zusammengefügten, intimen Fremden beschreibt. Natürlich sind da auch noch die genetischen und soziologischen Bindungen; sie sind sie, und du bist du, und dennoch ist man einander ähnlich. Ich hätte meine Mutter gern mit den Waffen meiner Großmutter verteidigt.

Mir gefällt es, daß die Russen immer die Vatersnamen verwenden, obwohl der Name der Mutter genauso gut wäre. Aeneas trug seinen Vater auf dem Rücken aus den Ruinen Trojas. Das tun wir alle, ob es uns recht ist oder nicht, und es kann sogar passieren, daß wir den Betreffenden nie gekannt haben. Mein Vater gab kürzlich seine Stellung auf, um mit seinem eigenen Vater und seinem Bruder zusammenzuleben. So zog er sich geschickt aus unserer Familie zurück, um in seinem siebten Lebensjahrzehnt zu seiner eigenen zurückzukehren, zur Sippe seiner Jugend. In einem Alter, in dem die meisten Eltern zu Kindern ihrer Kinder werden, definierte er sich neu als gleichrangig mit seinem Sohn und seiner Tochter. Er kommt mit den Ruinen Trojas recht gut auf eigene Faust zurecht. Ich wage zu behaupten, daß er *mich* aus ihnen heraustragen wird.

Als mein Vater einmal einen Plastikwellensittich, den er bei Woolworth, seinem Lieblingsgeschäft, gekauft hatte, auf einem stillgelegten Gasrohr an der Decke unserer Küche in Süd-London befestigte, sagte meine Mutter mit matter Verdrießlichkeit in der Stimme: »Das Alter läßt die unendliche Vielfalt deiner Ideen nicht verdorren, noch nutzt sie sich durch Gewohnheit ab.« Sie waren fünfunddreißig Jahre verheiratet.

Die Wände seines eigenen, neuen Heims hat mein Vater mit Bildern meiner Mutter aus der Zeit vollgehängt, als sie noch jung und schön war. Und schön ist sie bestimmt gewesen, mit ihren breiten, slawischen Wangen und den hohen Backenknochen einer Anna Karenina. Sie war sehr photogen und besaß ein schauspielerisches Talent, das sich auch in ihren Bildern widerspiegelt. Meine Eltern stritten sich oft fürchterlich und bewarfen sich unter Wutgeschrei mit Haushaltsgegenständen. Meine Mutter brach dann zu guter Letzt immer zusammen und weinte (wahrscheinlich Tränen nackter Verzweiflung darüber, daß mein Vater größer und stärker als sie war). Er dagegen in einer Ekstase schlechten Gewissens (wir waren immer sehr gut in schlechtem Gewissen und dessen Manifestationen, in emotionaler Erpressung und irrationalen Schuldgefühlen), ging fort, um ihr Pralinen zu kaufen.

Das Geschenk wischte allen Groll fort, und wenn es sich so ergab, kaufte er ihr auch häufig Pralinen, wenn sie sich gar nicht gestritten hatten. Er kaufte ihr wirklich gern etwas. Sie liebte Harrods, besonders im Ausverkauf, und manchmal auch Harvey Nichols; ihm ist der Unterschied zwischen diesen Geschäften und Woolworth niemals klar geworden, außer was die Restaurants betraf. Aber da sie mittags gern auswärts aßen, war er nur allzu bereit, mit ihr hinzugehen und ihr die Pakete zu tragen.

Ein Vormittagseinkauf war eine größere Unternehmung, und sie konnten dieses Vergnügen unbeschwert auskosten, da mein Vater an den meisten Tagen von drei Uhr nachmittags bis Mitternacht arbeitete. Meine Mutter bemitleidete sich manchmal, weil sie jeden Abend allein verbringen mußte, aber er kam mitten in der Nacht mit den Zeitungen vom nächsten Tag nach Hause und kochte ihr Tee und brachte ihr Kekse, und so konnten sie sich stundenlang bis in den frühen Morgen hinein unterhalten. Wenn ich wach war, hörte ich sie durch die Wand.

Ihr gemeinsames Leben bestand aus Vergnügungen am Tage und Festen in der Nacht, und alles fand statt, wenn ich entweder in der Schule war oder im Bett. Sie verbrachten mehr Zeit allein miteinander als all die Eltern, die ihre Kinder dafür als Ausrede benutzen, daß sie nicht miteinander reden, und das zu einer Tageszeit, zu der sie beide ausgeruht und frisch waren. Kein Wunder, daß sie sich auf die Nerven gingen, manchmal. Dann waren die Stürme ungeheuer. Man konnte sich der Ruhe nie sicher sein, oder zumindest nicht für lange. Und die Auseinandersetzungen fanden niemals im Flüsterton statt – nicht unter dem Gesichtspunkt dieses „Pas devant les enfants" – Unsinns, aber sie drehten sich auch niemals um etwas Wichtiges, wie Geld. Oder um mich. Zumindest noch nicht. Sie drehten sich um Nichtigkeiten, um eine verstopfte Toilette, ein stumpfes Tranchiermesser, die zwar enthusiastische, doch nicht übermäßig penible Abwaschmethode meines Vaters. (»Am liebsten würde er erst abwaschen, wenn wir uns zum Dinner setzen", oder: »Denkt er denn, wir wollten die ganze Woche Senf essen?«) Ihre Auseinandersetzungen waren die geräuschvolle Begleitmusik ihrer Zusammengehörigkeit.

In diesem Haushalt fand Mitternacht früh statt, und das Frühstück ging unmerklich in den Lunch über. Ich kann mich nicht an irgendwelche Regeln oder Strafen erinnern, und man erwartete von mir, daß ich widersprach. War man erst einmal durch die Tür, begann eine seltsame Art Traumzeit abzulaufen; das Leben verlief mit einer einschläfernden Langsamkeit, alles war ein wenig unordentlich, und keine Uhr zeigte jemals die genaue Zeit, obwohl sie alle eifrig vor sich hin tickten. Für die genaue Zeit verließen wir uns auf das Radio.

Ich habe dieses zweite Haus, in dem ich gelebt habe, letzte Weihnachten wieder einmal besucht, die richtige Jahreszeit für sentimentale Reisen. Es war um einiges hübscher, als ich es in Erinnerung hatte; ein weitläufiges, fast imposantes, edwardianisches Reihenhaus mit einem Lorbeerbaum davor und einem kleinen Garten dahinter, der an die Bahnlinie Victoria-Brighton grenzte. Ich hatte es kleiner in Erinnerung, sogar winzig. Die ganze Straße wirkte heller und frischer als in der Vergangenheit; da gab es ein paar schokoladenbraune Türen, und in manchen Fenstern zur Straße konnte man japanische Reispapier-Lampen erkennen. Tüllgardinen gab es kaum noch irgendwo. Die ganze Gegend erlebt eindeutig einen neuen Aufschwung, aber mein Vater hat das Haus vor fünf Jahren für einen Apfel und ein Ei verkauft. Er war froh, es los zu sein, nachdem meine Mutter gestorben war, und ist fortgezogen.

Mein Vater und meine Mutter hatten sich, wie ich schon sagte, nur wenige Meilen von ihrer Familie, jedoch 500 Meilen von seiner Familie entfernt, in Balham niedergelassen. Damals, Mitte der zwanziger Jahre, war das ein Mittelklassevorort mit Tüllgardinen, Ligusterhecken und so weiter. Sie hatten Rosen in die unfruchtbare Erde des Gartens gepflanzt, und obwohl mein Vater den Garten nur betrat, um sie brutal zurückzuschneiden, blühten sie jeden Juni. Sie möblierten das Haus mit einem Mahagoni-Sideboard, einem Ledersofa, einem walisischen Eichen-Geschirrschrank – hübsche Möbel; einige davon hätte ich heute ganz gerne, aber mein Vater hat die meisten im Haus zurückgelassen. Besitz hatte für ihn keine Bedeutung, es sei denn, es handelte sich um emotionale Werte. Er hat mein Hochzeitskleid aufbewahrt. Vielleicht für den Fall, daß ich es noch einmal brauche? Nein, dann würde er mir ein neues kaufen wollen. Aber meine Mutter liebte schöne Dinge, und als ich ihr mitteilte, daß ich meinen Mann verlassen würde, sagte sie, ich sollte auf jeden Fall die versilberten Teelöffel mitnehmen, die sie mir kurz zuvor geschenkt hatte. Ich habe es nicht getan und schon oft bereut.

Hier, in diese Straße, aus der die Überreste von Wohlanständigkeit herausgebombt worden waren, kehrten wir nach Kriegsende aus Yorkshire zurück. In ein merkwürdig verschobenes Mittelklasseleben voll kleiner Luxusgüter, aber ohne den einfachsten Komfort: kein Kühlschrank, keine Waschmaschine, überhaupt keine langlebigen Gebrauchsgüter, aber Sahne zum Pudding und sündhaft teuere Seife, und alle Wäsche wurde in die Wäscherei gegeben. Der technische Komfort fehlte uns überhaupt nicht, dazu waren wir viel zu schlampig. Aber unser Haushalt wurde immer anachronistischer, je zwielichtiger die Nachbarschaft wurde. Ein sozial-realistisches Familienleben hatte mich in meinen ersten folgenreichen fünf Lebensjahren in Yorkshire umgeben, an die ich mich deshalb so gut erinnere, weil sie räumlich klar abgegrenzt waren; die Atmosphäre der darauf folgenden zehn Jahre dagegen ist sehr viel schwerer zu fassen, es war, als wären wir irgendwie gestrandet. Eine ganz auf sich selbst bezogene Familieneinheit mit einem eigenartigen, selbst-gezimmerten Lebensstil, fast bohemienhaft, aber doch nicht ganz, der weitgehend unbefangen nach seinen eigenen Gesetzen gedieh und in zunehmenden Gegensatz zu den Veränderungen geriet, die in der Umgebung stattfanden. Sogar die Leidenschaft meiner Mutter für Wohlanständigkeit wurde zur Ursache von Fehlentwicklungen; sie meinte zum Beispiel, ich müsse unbedingt schwarze Wollstrümpfe tragen, und das zu einer Zeit, in der schwarze Strümpfe als deutliches Zeichen von Lasterhaftigkeit galten. Sie verbot mir, Lippenstift zu benutzen zu einer Zeit, zu der nur weibliche Beatniks *keinen* Lippenstift benutzten. Es war alles sehr seltsam.

Seit mein Vater in sein granitgraues Dorf an der granitgrauen See zurückgekehrt ist, zurückgekehrt nicht nur in seine Heimat – Schottland –, sondern auch in das Haus, in dem er aufgewachsen ist, und sich damit triumphierend den Traum eines jeden Wanderarbeiters erfüllt hat, verstehe ich besser, wie es kam, daß wir immer irgendwie schieflagen. Ich fühlte mich als Ausländerin, weil meine Mutter einen Ausländer geheiratet hatte, auch wenn weder ihr noch ihm das jemals bewußt war. Als Schotte hat er das englische Klassensystem nie ganz begriffen, es ist ihm gar nicht klar geworden, daß er gesellschaftlich in diesem System hätte aufsteigen können; er dachte immer nur daran, daß er ganz passabel verdiente, aber das ist etwas völlig anderes. Er hatte gefunden, was nach Dr. Johnson, einem der Lieblingsautoren meiner Mutter, das Schönste war, was ein Schotte finden kann, nämlich die Straße nach England, und die hatte er genommen, und er hat nichts falsch gemacht. Er war glücklich verheiratet, er hatte zwei zufriedenstellende Kinder in die Welt gesetzt. Und dann kehrte er nach Hause zurück, ein Leben mit Symmetrie. Er war Journalist, bis er sich zur Ruhe setzte, und sicherlich besitzen Journalisten ein seltsames Bewußtsein für Randsituationen, eine berufsbedingte Distanz zu den Dingen. Wenn er Prätentionen hatte, so entsprachen sie diesem Bewußtsein, nehme ich an. Irgendwie hat er immer etwas Dandyhaftes an sich gehabt. Er besaß stets eine Vorliebe für Spazierstöcke, Fliegen und wählte seine Kopfbedeckungen nach der Tageszeit aus.

Wir paßten also nicht so recht in unsere Umgebung – gottseidank, denn Entfremdung ist schließlich doch die einzige Art zu leben. Nach dem Krieg hat meine Mutter immer wieder versucht, meinen Vater zu überreden, in eine bessere Gegend zu ziehen. Als glaubte sie, *das* sei das Problem. Sie wollte ein großes Haus, damit meine Großmutter zu uns ziehen könnte, als hätte die Anwesenheit meiner Großmutter nicht von vornherein alles zerstört. Mum hatte sich Streatham in den Kopf gesetzt; immer wieder hatte sie irgendwelche Häuser im Auge, und manchmal waren wir dem Umzug so nahe, daß sie schon fast die ganzen Bücher in Kisten gepackt hatte, doch wenn es dann soweit war, war mein Vater nicht von der Stelle zu bewegen.

Dabei gefiel ihm der Gedanke durchaus. Er führte einen Immobilienmakler nach dem anderen den Gartenweg herauf, doch wenn die Entscheidung anstand, brachte er es nicht über sich. Ich glaube nicht, daß der Gedanke, mit Großmutter zusammenzuleben, ihn abgeschreckt hat. Sie hatten beide, jeder auf seine Weise, erkannt, daß sie einander ebenbürtig waren, und hatten Respekt voreinander. Er selbst verdrängte die Tatsache, daß die Nachbarschaft immer schäbiger wurde und das Haus anfing zu verfallen. »Ist schon ganz in Ordnung, der alte Kasten«, pflegte er zu sagen, wenn der Holzwurm in den Dachsparren klopfte und die schadhaften Leitungen hier und da kleine Brände entfachten. »Schon ganz in Ordnung, der alte Kasten.« Er meinte das nicht defensiv – eher mit der Haltung eines Mannes, den es wunderte, daß jemand anderer Meinung sein könnte.

Nein. Er haßte den Gedanken, hohe Hypotheken aufnehmen zu müssen. Er liebte es, seine paar Schillinge in der Tasche zu haben, für Pralinen, für Eis, für einen Lunch im Restaurant, für hübsche Sachen für meine Mutter, für sein eigenes, bescheidenes Dandytum, für gelegentliche Taxifahrten, die allerdings zu einer ständigen Einrichtung wurden, als meine Mutter krank wurde. Er genoß es, im Zug in der Ersten Klasse zu reisen – ach, diese Nachtzüge nach Schottland! Ein schöneres Haus und all diesen Luxus obendrein konnten wir uns ganz einfach nicht leisten. Auf der Rückseite von alten Briefumschlägen machte er lange Rechnungen auf, die das bedauerlicherweise belegten – und dann kletterte er zufrieden wieder in den kleinen Horst hinauf, den er sich auf dem Dachboden eingerichtet hatte, legte sich auf sein Bett, hörte irgendwelche obskuren kontinentalen Sender im Radio und schmauchte sein Pfeifchen dazu. »Was *tust* du da«, schrie meine Mutter vom Fuß der Treppe hinauf. »Ich denke über die Vergänglichkeit aller Dinge nach, du alte Wachtel.«

Wenn sie ihm sagte, wie sehr sie es haßte, eine alte Wachtel genannt zu werden, entgegnete er unweigerlich: »Die Wachtel ist ein besonders schöner Vogel.«

Charme ist unser Fluch.

Also blieben sie, wo sie waren. Nachdem er sich zur Ruhe gesetzt hatte, hätte er wohl allenfalls noch nach Schottland umziehen wollen, doch davon wollte meine Mutter nichts wissen. Sie wollte sich weder der sanften Barmherzigkeit seiner Sippe aussetzen noch dem tödlichen Klima. Nachdem ich das Haus verlassen hatte, zogen sie sich in zunehmendem Maße auf sich selbst zurück: Durch die Krankheit meiner Mutter verschwand viel Freude aus ihrem Leben, und dann war da auch noch der Tod ihrer eigenen Mutter, ein schwerer Schlag angesichts der Tatsache, daß die Abnabelung nicht in normaler Weise erfolgt war. Doch das war später, als ich schon kein Kind mehr war.

Die Ehe meiner Eltern war schon nicht mehr ganz jung, als ich geboren wurde, so daß es vieles gibt, was ich von ihnen nicht weiß, zum Beispiel, wie sie in jungen Jahren waren. Als ich zur Welt kam, war mein Vater älter, als ich es jetzt bin. Doch er hatte gern Fotos gemacht in jenen mir unbekannten Tagen, und es gibt Dutzende von Alben mit Bildern von meiner Mutter. Meine Mutter in wundervoll schicken Kleidern mit meinem Bruder in seiner photogenen Babyzeit; mit dem schwarz-weißen Hund, den sie damals hatten; in einem Cabriolet, das mein Vater später zu Schanden fuhr; am Strand; auf Feldern zwischen Getreidehocken; am Klavier; auf der Schreibmaschine meines Vaters herumklappernd, und immer ganz und gar die zwanzigjährige Kind-Braut mit Grübchen.

Meine Mutter sprach oft von der wunderbaren Zeit, die sie und mein Vater vor dem Krieg verbracht hatten, und der Beweis dafür findet sich in dem vergilbten ewigen Sommer der Amateurfotos mit Erinnerungen an eine Zeit bescheidenen, aber doch authentischen Glanzes.

Ich gehörte in keiner Beziehung zu jenem Leben, dem der Krieg ein Ende gesetzt hatte; und der Krieg endete mit dem Beginn ihrer mittleren Jahre. Nach dem Krieg wurde alles grau und eintönig, und Eintönigkeit glaube ich, widerstrebte ihnen beiden instinktiv. Chaos, ja sogar Zusammenbruch; aber Eintönigkeit oder Knausrigkeit nein, auch wenn meine Mutter gern und viel von Anständigkeit redete. Alles Geld und alle guten Worte brachten mir in den vierziger Jahren nicht mehr als ein paar erbärmliche Spielsachen ein, und so schloß ich mich der Generation meines Bruders an, seine Plüsch-Mickymaus und seine Bücher liebte ich sehr, vor allem ›Alice‹ und ›Pu der Bär‹. Die Zeiten wurden weniger hart, und nach und nach kam auch ich in den Genuß der Requisiten einer bürgerlichen Kindheit: ein Puppenhaus, eine Spielzeug-Nähmaschine, rote Lackschuhe mit Silberschnallen, Organdy-Kleidchen und so weiter. Doch all das wirkte ein wenig spukhaft, stand in einer Art Zwielicht, und der Kalte Krieg war eine merkwürdige Zeit, um seiner Tochter die geborgene, privilegierte Kindheit der dreißiger Jahre neu zu erschaffen. Die Grundschule besuchte ich zusammen mit angehenden Gebrauchtwagenhändlern, und meine beste Freundin war die Nichte eines Windhund-Trainers und die Tochter einer Büro-Putzfrau. Nicht daß meine Eltern der Auffassung waren, es sei etwas dabei. Und immer wenn ich nach Hause kam, umfing mich die Traum-Zeit, ein immerwährender Sonntagnachmittag, an dem man den Uhren nicht trauen konnte, bis meine Mutter dann krank wurde, als ich fünfzehn war. Sie hat sich nie wieder völlig erholt, sich nie wieder ganz wohl gefühlt, ist von da an immer kränklich geblieben. Und der Tonfall ihrer Auseinandersetzungen fiel zu einem sanften Obligato ab.

»Kinder zerstören Ehen«, hat mich meine Mutter einmal gewarnt. Bis dahin war mir nicht klar gewesen, in welchem Ausmaß sie zufrieden miteinander gewesen waren, solange sie noch allein waren. Ich glaube nicht, daß sie dachte, mein Bruder und ich hätten *ihre* Ehe zerstört. Eher wurden wir zu sehr geliebt; nein, ich glaube nicht, daß sie uns abgelehnt hat. Ich glaube auch nicht, daß sie eine bestimmte Klage vorbringen wollte. Sie machte einfach eine auf Beobachtung beruhende, verallgemeinernde Feststellung, in der allerdings vielleicht auch ein In-sich-Hineinschauen steckte. Vielleicht gab es bei ihr eine Unzufriedenheit, die ebenfalls ganz allgemein war und nichts mit uns zu tun hatte. Es war nicht einmal der Gedanke »Wenn doch nur...«, sondern sie hatte wohl, vielleicht unbewußt, das Gefühl, in der exzentrischen Verträumtheit dieses planlos gebauten, verfallenden Hauses etwas Wichtiges verloren zu haben.

Außerdem glaube ich auch, daß man nie weiß, daß man glücklich verheiratet ist, wenn man nicht zuvor unglücklich verheiratet war.

Sie hat mir einmal ein Rosenbäumchen geschenkt.

Das war an meinem zehnten oder elften Geburtstag, ich vergesse immer, welcher von den beiden. Es war ein Miniaturrosenbäumchen im Topf. Ich fand es auf meinem Frühstückstisch vor neben einer Unmenge anderer Geschenke. Ich war verdammt verwöhnt. Es war vielleicht dreißig Zentimeter groß und voller rosa Blüten. Zuerst war ich ein wenig enttäuscht darüber; ich konnte es weder essen noch anziehen noch lesen, und da ich ein praktisch veranlagtes Kind war, sah ich überhaupt keinen Sinn darin, erkannte aber auch, daß es mit der größten Liebe und Sorgfalt ausgewählt worden war.

Ich begriff das subtile Wesen meiner Mutter nicht. Mir wurde nicht klar, daß dieses Rosenbäumchen kein Geschenk zu meinem zehnten Geburtstag war, sondern ein Geschenk für mein herangewachsenes Ich, nicht für die Gegenwart, sondern eines, an das ich mich erinnern sollte. Von allen Geschenken zu allen Geburtstagen meiner verhätschelten Kindheit ist das Rosenbäumchen dasjenige, an das ich mich am besten erinnere, und es hat sich heute fest mit der Erinnerung an meine Mutter verbunden, daß sie mir einmal, trotz unserer späteren Dissonanzen, trotz unserer erbitterten Streitereien, ein beständiges, nie verwelkendes Rosenbäumchen geschenkt hat, dessen Umrisse, im verwandelnden Quell der Erinnerung kristallisiert sind und glänzen, als hätte es Eigenschaften besessen, derer meine Mutter sich gar nicht bewußt war. Es ist, als habe sie mir einen Teil ihrer selbst zum Geschenk gemacht, von dem sie selbst nichts wußte, den sie aber trotzdem verschenken konnte – an mich.

›The New Review‹, 1976

Wie ich schon gesagt habe, kehrte mein Vater bald nach dem Tod meiner Mutter in sein Heimatdorf zurück. Mit dem Tod seines älteren Bruders und seiner älteren Schwester trat er sein Erbe an – es bestand aus dem Haus der Familie. Oder besser gesagt, dem Haus seiner Familie; das Haus meines Vaters ist nicht mein Haus. Es ist sein Haus, und erst als ich Mitte dreißig war, wurde ich eingeladen, den väterlichen Teil der Familiengeschichte von ihm zu erfahren.

Das Eßzimmer, das immer nur als zusätzliche Speisekammer benutzt wurde, als kühler Raum, in dem man Gelee zum Festwerden aufstellen und Fleisch, Eier und Fisch für die Katze lagern konnte, ist im wesentlichen unverändert geblieben, seit ich 1945 zum erstenmal hier war. Der Raum erweckt den für die schottischen Gesellschaftsräume jener Zeit typischen Eindruck formellen Unbenutztseins. Die Einrichtung ist lange vor meiner Geburt zusammengestellt worden, und wirkt mit all seinen Erinnerungs- und Familienerbstücken heute fast wie ein privates Museum für den Stil der zwanziger Jahre im Nordosten von Schottland.

Da gibt es einen Brüsseler Teppich, einen auf Hochglanz polierten, kräftig gemaserten, gelben Kieferntisch, den ein längst verstorbener einheimischer Tischler angefertigt hat, Tapeten mit braunen, zusammengedrängten Blumen, ein verspiegeltes Sideboard, vollgestopft mit Andenken aus Porzellan, Plastik-Schalen, Blumen aus Holzspänen, die man einem jammernden Kesselflicker abgekauft haben mochte, Papiertüten mit unmodern gewordenen Hüten, einer Reihe von Plastikpuppen mit blonden Perücken und Kilts, Mitbringsel für meine inzwischen verstorbene Tante von Freundinnen, die für einen kurzen Urlaub in andere Teile Schottlands gefahren waren.

Dann gibt es da eine Vitrine, in der das Teeservice meiner Urgroßmutter aufbewahrt wird, eine imposant geformte weiße Kanne mit einer Schale für Teeblätter – offensichtlich waren um 1850 in der Stadt geschmackvollere Gegenstände zu bekommen, als es heute der Fall ist. Mein Vater sagt, sie sei Lehrerin gewesen und meistens auf einem kleinen Pony über den Deveron nach Banff zur Arbeit geritten. Banff, ein Städtchen aus dem siebzehnten Jahrhundert, ganz aus Granit gebaut und so klein, daß dorthin adressierte Briefe manchmal versehentlich nach Banff in Kanada geschickt werden.

Provisorisch gehe ich davon aus, daß diese Urgroßmutter die Frau ist, deren vergilbte Fotografie an der Wand im Eßzimmer hängt. Sie trägt, man stelle sich das vor, einen langen Umhang mit Schleier und einen mittelalterlichen, spitzen Hut – und man hat nicht einmal den Eindruck, als wäre das eine Verkleidung. Es wirkt, als wäre sie wirklich herumgelaufen wie die Hexen von Aberdeen. (1636 kostete in Banff ein Strick zum Fesseln einer Hexe acht Schillinge, eine Menge Geld damals.) Die Lady auf dem Foto aber hat den strengen Gesichtsausdruck einer schottischen Kirchgängerin. Außerdem gibt es noch das Bild eines entfernten Onkels, der bei Eisenbahnarbeiten in Kanada ums Leben gekommen ist. Andere, nicht mehr identifizierbare Familienfotos sind eigenartig prägnant. Wer, zum Teufel, sind die Personen darauf? Warum erinnert sich keiner an sie!

An den Wänden hängen verschiedene Bilder in schweren Rahmen. Zwei davon sind Ölgemälde mit Rothirschen in menschenleeren Hochlandtälern aus der »Hirsch-und-Hund«-Schule. Es befinden sich Kohleskizzen von ähnlichen Szenen in sämtlichen Schlafzimmern, das Haus quillt fast über von Hirschen, ja, es gibt sogar einen kleinen Bleihirschen, der oben auf der massiven Uhr im Schlafzimmer des Hausherrn steht. Dabei gibt es im Umkreis von hundert Meilen von hier keine Landschaft, die Hirschen eine Heimat bieten könnte. Es ist ein rein symbolisches Schottentum, das in diesen menschenleeren, nur von Hirschen bewohnen Landschaften zum Ausdruck kommt mit ihren Klippen, Tannen, Schluchten und herabstürzenden Wasserfällen, aufgeräumten Landschaften, in denen der Mensch nur durch seine auffällige Abwesenheit anwesend ist.

Offensichtlich war diese Familie einmal ganz scharf auf den schottischen Mythos. Deswegen habe ich auch immer wieder versucht, das Interesse meines Vaters an der Geschichte seines Volkes zu wecken, schließlich ist er ja heute zu ihm zurückgekehrt. Ich habe ihm John Prebbles Bücher über Culloden und das Hochland geschickt. Doch nach einem anfänglichen, pflichtschuldigen Blick hinein hat er sie weggelegt. Er sagt, sie seien so verdammt deprimierend.

Während der ganzen fünfzig Jahre, die er unten im Süden verbracht hat, interessierte ihn sein eigenes Fremdsein nicht im geringsten. Er hatte nichts im Sinn mit den St. Andrew's Gesellschaften, den Burns Nights und den anderen Treffpunkten der Mittelklasse-Exil-Schotten. Es gibt einen Witz, der ihm noch immer Spaß macht. Jock fährt in den Süden für ein Vorstellungsgespräch, und bei seiner Rückkehr wird er gefragt: »Bist du Engländern begegnet, Jock?« »Och nöö; ich bin nur Abteilungsleitern begegnet.« Ein Witz, in dem ein gewisser Selbstschutz enthalten ist. Wie der jüdische Witz, der von Juden selbst erzählt wird. Und am Ende ist er dann doch zurück nach Hause gegangen.

Von der Küste im Nordosten aus – wo, wie man hört, bald reichlich Erdöl fließen wird, ist es eine gute Tagesfahrt zu einem von Rothirschen frequentierten Tal. Die offenkundigste Auswirkung der Bohrinseln von Peterhead, dreißig Meilen vor der Küste, ist der rapide Anstieg der Grundstückspreise in der Umgebung. Fischerei und Landwirtschaft bleiben jedoch die Existenzgrundlage. Das ›Banffshire Journal‹ (mit dem Untertitel ›and Northern Farmer‹ bringt Stories über die Fischpreise, die Schweineknappheit und den Mangel an fetten Rindern. Typische Überschriften sind: STROH DURCH FEUER VERNICHTET. Oder MANN AUS PORTESSIE VERMUTLICH ERTRUNKEN. Der Mann war bei einer Kollision mit einem Versorgungsschiff der Bohrinseln – aha! –, das backbord ein acht Fuß großes Loch gerissen hatte, von Deck eines Trawlers aus Aberdeen ins Wasser geschleudert worden.

Das war die einzige Erwähnung von Erdöl in dieser Ausgabe.

Da ist einerseits das alte, anmutige Banff; und da ist andrerseits die Mündung des schönen Deveron, das »liebliche Deveronufer«; und dann ist da Macduff, woher ich komme. Falsch. Woher mein Vater kommt: ich gerate leicht durcheinander, wenn es um meine eigene Herkunft geht. Woher mein Vater kommt und wohin er zurückkehrte. Zwei Städte, getrennt durch einen Fluß und unsichtbare Klassenschranken. Das unverschämte Macduff wurde erst Ende des 18. Jahrhunderts neu gegründet – von William Duff of Braco, dem späteren ersten Earl of Fife. Man war eifrig mit dem Bau des Hafens beschäftigt, daß man die Politik ganz vergaß.

Passender für diesen Ort als die Felsen und Hirsche von der Eßzimmerwand sind zwei schöne kolorierte Stiche mit Segelschiffen in Ahornrahmen. »Wohin, o stolzes Schiff, werden die weißen Segel dich tragen usw.« Von diesen engen Häfen mit ihren Granitmauern aus stachen die Klipper nach China in See, segelten die Auswanderer nach Neuseeland.

Ich erinnere mich, wie vor etwa zwanzig Jahren ein deutsches Schulschiff, eine Art Dreimast-Schoner, den Hafen von Macduff anlief. Er glitt wie eine an der Schnur gezogene Wolke an dem kleinen, weißen, spielzeuggleichen Leuchtturm am Ende der Mole vorbei. Wie in einem dieser kitschigen Breitwand-Filme in Technicolor schwebte er durch den Sonnenuntergang. Die Sonne geht stets mit ungewöhnlicher Pracht über dem Moray Firth unter.

Nie zuvor und nie danach habe ich die Stadt in derartiger Aufregung erlebt. Alte Fischer mit flachen Mützen und ausgebeulten Hosen und dem typischen wiegenden Gang drängten zum Strand, um die Mannschaft des Schiffes zu feiern, das sich zwischen den kleinen Fischerbooten mit ihren rührenden Namen – »Elspeth MacFee«, »Junirose«, »Anmut«, »Fürchte-dich-nicht«, »Unerschrocken« – hindurch seinen Weg bahnte. Das Schiff tauchte aus der Vergangenheit auf und trug als unsichtbare Ladung die Erinnerungen der Großeltern mit sich. (Später ist es, glaube ich, im Südpazifik gesunken.) Das jedenfalls war ein Ereignis, das dem Genius loci tatsächlich entsprach. Oft frage ich mich, woher die Vorstellung kommt, die Schotten seien so fleißig. Nicht aus Macduff. Die Leute verstehen ihre Arbeit, ja: aber es ist eine verschlafene Stadt. Vor der Kirche hat der zweite Earl of Fife 1783 ein Kreuz errichtet, dessen Giebelinschrift lautet: MÖGE SIE BLÜHEN UND WACHSEN AN ZAHL UND WOHLSTAND, UND MÖGEN IHRE BEWOHNER DIE SEGNUNGEN DES LEBENS DURCH FLEISS, GESCHICKLICHKEIT UND MÄSSIGUNG ERLANGEN. Reines Wunschdenken von seiten der anglo-schottischen Aristokratie, würde ich sagen. »Man muß die Dinge leicht nehmen«, sagt der Taxifahrer. Sein Hauptgeschäft besteht darin, abends zur Sperrstunde die Betrunkenen nach Hause zu fahren. Nur die Armut hat die Leute gezwungen, hart zu arbeiten; sie mußten ganz einfach. Und Mäßigung war in dieser Gegend schon immer eine eher theoretische als eine praktizierte Tugend.

Dennoch eine Stadt Gottes. »So Gott will, wird Gottes Wort am Tag des Herrn um 17 Uhr gepredigt werden. Jeder ist willkommen.« So besagt es das Schild an der Kirchtür. Die Nordsee ist mörderisch, und die, die auf See arbeiten, beten viel, und aus gutem Grund. »Auf See geblieben«, »Auf See geblieben«, »Auf See geblieben«, diese Inschrift wiederholt sich ständig auf den Grabsteinen des Friedhofs, den Grabsteinen der Andersons, Pattersons, Shands. Die Namen spiegeln den skandinavischen Einfluß in diesem Abschnitt der Küste zwischen Aberdeen und Inverness, einer Gegend, die weniger gepflastert ist mit falschen Schottenmustern, als sonst weite Teile des Landes. Daran sollte ich denken, wenn ich selbst wieder einmal der Versuchung erliege, einen schottischen »Tartan« zu tragen.

Ein paar Generationen der Familie meines Vaters liegen auf dem Kirchhof in Doune. Ein theoretisches Unbehagen gegenüber allem Nationalismus und zugleich das Bewußtsein, daß gerade die Anglo-Schotten die schlimmsten Nationalisten sein können, verursacht ein unangenehmes Kribbeln bei mir, wenn ich an diesem grünen, vom Geschrei der Möwen widerhallenden Ort stehe, an dem die Toten in schöner Selbstachtung ihre akademischen Grade hinter dem Namen eingemeißelt tragen, lauter Bachelors und Masters of Arts, zumeist von der Universität Aberdeen. Aber dennoch, da sind sie – Onkel und Großeltern, und, oh weh, alle ohne akademische Würden. Die vorhergehende Generation liegt ein paar Meilen die Küste hinauf in Portsoy begraben; vor allem David, der in der Schlacht um Waterloo gekämpft und eine Französin geheiratet hat. Der Stein ist von seinen Söhnen errichtet worden zur Erinnerung an »den liebevollsten und nachsichtigsten aller Väter«. Zumindest besagt das die Inschrift; ein ungewöhnlicher Nachruf für einen viktorianischen Familienvater im calvinistischen Nordosten. Oder bittere Ironie. Oder vielleicht sogar wahr.

David lebte in einem eingeschossigen Cottage, das heute malerisch verfallen am Strand liegt. Für uns ist es eine kleine Pilgerfahrt, sie zu besuchen. Mein Vater fährt gern zu Davys Grab. Davys Cottage, und wir stehen da und betrachten die Überreste, und ich versuche zu verbergen, daß ich die kalte Hand der Vergänglichkeit an meinem Herzen spüre, die kalte Hand der Vergänglichkeit und noch etwas anderes, das mich frösteln läßt. Die Lebensumstände in diesem Cottage sind für mich unvorstellbar. In mancher Beziehung bleibt mir die Geschichte meiner Familie unerreichbar fremd.

Es sind nicht nur die Urgroßeltern, die mir so unzugänglich erscheinen. Meine Großmutter väterlicherseits hätte niemals am Sonntag ein Feuer angezündet, und den gesamten Abwasch des Tages sammelte sie in einer Schüssel für Montag morgen auf, denn der Sonntag war der Ruhetag – ein Ritual, das meinen Großvater väterlicherseits, den Dorfatheisten, stets in Rage brachte. Dennoch vermachte er dem Pfarrer zur Sicherheit fünf Pfund Sterling.

Was sind das alles für exzentrische Geschichten? Und doch sind sie alle wahr, alle belegt. Und obendrein sagen alle, ich sähe genau wie meine Großmutter väterlicherseits aus. Ich kann nicht zum Einkaufen der Frühstücksbrötchen, einer köstlichen Spezialität dieser Gegend, vor die Tür gehen, ohne jemandem zu begegnen, der sich an die alte Dame erinnert, mich auf dem Gehsteig festhält und sich über die Ähnlichkeit ausläßt.

Sie sind noch immer ein wenig befremdet von meinem Akzent. Meine Tante Katie pflegte, beinahe entschuldigend, zu erklären: »Hugh hat ein englisches Mädchen geheiratet, weißt du.« Und ich stehe dann da, lächele und fühle mich entsetzlich, entsetzlich fremd in dieser sauberen, weißen Stadt, in diesem sauberen, weißen, unenglischen Licht, das dennoch auf seltsam verfremdete Weise Heimat ist – von wo meine eigenen Leute herkommen.

Bei den Japanern gibt es den Ausdruck »Landschaft des Herzens«, um die gefühlsmäßige Beziehung zwischen dem Inneren und Äußeren zu beschreiben, welche die physikalische Geographie mit dem System der Gefühlswelt verbindet. Heimat ist dort, wo das Herz ist, und demzufolge ein beweglicher Genuß. In meiner Kindheit kamen wir häufig zum Familienurlaub nach Macduff, doch dann gab es Streit wegen meiner Heirat, und ich habe fünfzehn Jahre lang keinen Fuß mehr hierher gesetzt und empfand das auch nicht als Verlust, bis dann mein Vater beschloß heimzukehren, nach einer Abwesenheit von einem halben Jahrhundert, die seine eigenen Leute nicht einmal bemerkt zu haben schienen, so prompt absorbierte ihn die Stadt wieder. Und ich fühlte mich hier auch gleich wieder zu Hause, als ich aus dem Bus stieg am Hafen. Nichts, gar nichts hatte sich verändert.

Uneingestandener, aber fürchterlicher Zwang der eigenen Herkunft? Oder letzte Konsequenz von Entwurzelung und Entfremdung, wenn man schließlich sagt und das auch meint: »Wo ich meinen Hut aufhänge, ist mein Zuhause.«

»Selbst der Einheimische, der sein Leben in dieser anmutigen Gegend verbracht und dessen innerem Auge sich jedes Detail eingeprägt hat, freut sich, wenn er sich an einem Sonntagabend zum Gaveny Brae oder dem Hill of Doune hinaufbegibt, und sich seine Seele zum tausendsten Mal der so sehr geliebten Landschaft erfreut.« So hat es Allan Edward Mahood in seinem denkwürdigen Führer von ›Banff und Umgebung‹ beobachtet, ein Buch, das meinen Vater durch all die Jahre seines Londoner Exils begleitet hat. Unsere Gefühlsseligkeit ist die Kehrseite unseres ausgeprägten Zynismus. Meine Leute sind meine Leute – mögen sie auch einfach, arm und schlicht sein. Das verkünden wir mit der typischen Heuchelei der Kolonialisierten.

Nicht daß es ausgeprägten Nationalismus irgendeiner Richtung in meiner Familie gibt. Als die Schottischen Nationalisten noch wie eine Komikertruppe wirkten und weit davon entfernt waren, den örtlichen Abgeordneten zu stellen, wurde mein verstorbener Onkel William stark unter Druck gesetzt, weil er am Krönungstag von Elizabeth der Ersten von Schottland den Union Jack in seinem Schaufenster gezeigt hatte, und er nahm ihn nur heraus, weil er recht ängstlich war. Er meinte, seine guten Beziehungen zu England seien kein zerbrochenes Schaufenster wert. England, halb-englisch; Schottland, halb-schottisch. Kein großer Unterschied.

Der Unterschied ist nicht einmal groß genug, um mich zum Mischling zu machen. Ich habe den Unterschied eigentlich gar nicht bemerkt, bis ich wieder zurückgekehrt bin und festgestellt habe, wie anders als Zuhause mein Herkunftsland war. Man wählt sich die Heimat nicht selbst. Sie wählt einen.

›New Society‹, 1976

1969 habe ich Geld bekommen, um damit durchgehen zu können, und das habe ich auch getan. Es war der Somerset Maugham Travel Award, und damals kam man mit fünfhundert Pfund noch ein Stück weiter; es reichte mir bis Japan – aber weiter dann auch nicht, so daß ich dort für eine Weile hängenblieb, meinen Lebensunterhalt auf diese und jene Weise verdiente, unter anderem in einer Bar, und mich einfach umsah. Da ich mit meinen unermüdlichen Bemühungen, Japanisch zu lernen, unermüdlich scheiterte, fing ich an, die Dinge zu verstehen zu versuchen, indem ich sie einfach ganz, ganz eingehend betrachtete, eine unfreiwillige Lehre in Zeichendeutung.

Die folgenden Aufsätze schrieb ich in den zwei Jahren, die ich in Japan lebte, es waren die frühen siebziger Jahre, in denen Japan gerade am Anfang seines wirtschaftlichen Aufschwungs stand. Für einen Urlaub kehrte ich 1974 zum Fruchtbarkeitsfest zurück, das hier beschrieben wird. Wahrscheinlich werde ich mir nie wieder eine Reise dorthin leisten können.

Warum gerade Japan? Ich wollte für eine gewisse Zeit in einem Kulturkreis leben, der keinen Bezug zum jüdisch-christlichen hat und auch in der Vergangenheit nie hatte. Ich wollte erleben, wie das ist.

In Japan lernte ich, was es heißt, eine Frau zu sein, und ich bezog radikale Standpunkte.

Tokioter Idylle

Das hier ist eindeutig eine der Gegenden, in denen immer Sonntagnachmittag zu sein scheint. In einem Haus in der Nähe des Ladens an der Ecke übt jemand mühelos Chopin auf dem Klavier. Eine staubige Katze rollt sich in den

Fahrspuren einer ungepflasterten Straße und gähnt die Sonne an. Ein altes Großmütterchen trottet zum Supermarkt hinüber, um einen oder zwei Liter ehrenwerten Saki zu kaufen. Ihr stahlgraues Haar ist im Nacken zu einem so festen Knoten zusammengebunden, daß kein einziges Haar je unordentlich herausstehen könnte, und ihr sittsamer Kimono ist umhüllt von der weißesten und riesigsten aller Schürzen, deren Kanten mit einer knappen Rüsche aus Baumwollspitze eingefaßt sind und die an viktorianische Krankenschwestern erinnert.

All die Babies, die sie auf ihrem Rücken getragen hat, haben ihn zu einem runden Bogen gebeugt, und sie verneigt sich höflich, bevor sie in einem würdevollen Lächeln die ihrem gesellschaftlichen Stand angemessene Anzahl goldüberkronter Zähne zeigt. Zerbrechliche, allgewaltige Großmutter, die hinter Papierwänden ein eisernes Zepter schwingt.

Diese Gegend hier ist besonders reich an Großmüttern, Katzen und kleinen Kindern. Wir befinden uns eine 60-Yen-Zugfahrt vom Marunouchi Distrikt entfernt, dem großen Industriegebiet; und wiederum eine 60-Yen-Zugfahrt in der anderen Richtung von Shinjuku entfernt, der weltweit größten Ansammlung von Strip-Shows, Nepplokalen und Türkischen Bädern. Wir leben hier in einer netten, bürgerlichen Enklave ewiger Sonntage, eingekeilt zwischen zwei Mega-Highways.

Die Geräusche: das muntere Hin- und Hersausen von Besen über Tatami-Matten, das rauhe Krächzen von Nebelkrähen im nahen Weidengehölz; das unaufhörliche Plappern schnatternder Hausfrauen, ein Geräusch wie das rasche Klappern von Stricknadeln, denn das Japanische ist eine Sprache voller »T's« und »K's«; und morgens das Krähen eines Hahns. Die Nächte sind voll ländlicher Ruhe. Bei uns ist die Ruhe einer völlig falschen Städteplanung zum Opfer gefallen; die Straßen hier sind viel zu eng für den Autoverkehr. Die Gerüche: Küchendüfte, Abwasser, frischgewaschene Wäsche.

Es ist schwer, in Tokio einen langweiligen Stadtteil zu entdecken, und doch, bei Gott, es ist mir gelungen. Es handelt sich um eine sehr angesehene Wohngegend, sie besitzt den formellen Charme der Respektabilität und die unausweichlich mit ihr einhergehende Langeweile.

Ich kann die Hauswände auf beiden Seiten berühren, wenn ich die Arme ausstrecke, und das Haus hinter mir, wenn ich die Hand spreize; und selbst wenn nur ein paar Zentimeter zwischen ihnen liegen, bewirken die zerbrechlichen Strukturen doch eine Abgrenzung, als wollten sie mit allem Nachdruck betonen, daß Privatsphäre, auch wenn sie nicht wirklich existiert, doch zumindest theoretisch möglich ist. Die meisten Häuser haben sich mit Einfassungsmauern aus tristgrauer Vulkanschlacke umgeben, die ihnen den Anschein eines altjüngferlichen Rühr-mich-nicht-an verleihen, doch selbst der winzigste Garten brüstet sich mit einem oder zwei ungeheuer grünen Bäumen, und die Fenstersimse leuchten von Topfblumen.

Die Nachbarschaft ist zu respektabel, um wirklich malerisch sein zu können, und dennoch hat sie einen beträchtlichen, gemütlichen Charme, ein dicht gedrängtes Drunter und Drüber von braun-grauen Schindeldächern und leuchtendem Frühjahrslaub. Am Morgen werden leuchtend-bunte Steppdecken, grell-gemusterte Matratzen und Singvogelkäfige in die frische Luft auf die Balkons hinausgehängt. Wenn das ästhetische Ideal der Japaner eine dunkle, harmonische Strenge ist, so ist die kulturelle Norm ein behagliches, fröhliches Durcheinander. Behaglichkeit muß gepflegt werden, Behaglichkeit macht eine allzu große Bevölkerungsdichte erträglich. Auf symmetrisch gespannten Leinen flattert sauberste Wäsche im Wind. Die Kinder sind so appetitlich wie ein frisch gespülter Teller. In dieser Gegend wohnen Büroangestellte; es ist eine gute Gegend.

Die absolute häusliche Stille wird höchstens einmal von einem gelegentlich vorüberfahrenden Fahrrad gestört oder einem Jungen auf dem Moped, der jemandem ein Tablett voll Nudelschüsselchen aus Lack vom Café an der Ecke zum Lunch oder Dinner liefert. Morgens gehen die Männer in ihrer Bürouniform (dunkler Anzug, weißes Nylonhemd) aus dem Haus. Am Nachmittag lungern die Schulkinder herum und essen Eis. High-School-Mädchen tragen marineblaue Faltenröcke und Matrosenblusen, ganz à la Edith Nesbitt, und High-School-Jungen tragen schwarze Jacketts mit hochgeschnittenen Kragen und Schirmmützen, die irgendwie an Maxim Gorki erinnern.

Nachts kommen ein oder zwei ehrenwerte Betrunkene kichernd den Hügel heruntergewankt. Als pragmatische Rasse scheinen die Japaner schon vor langer Zeit beschlossen zu haben, daß der einzige Grund, Alkohol zu sich zu nehmen, der ist, sich einen Rausch anzutrinken, und deshalb trinken sie nur, wenn sie das Bedürfnis haben, sich zu betrinken. In diesem Punkt sind sie alle absolut hemmungslos.

Obgleich das hier eine so ruhige Gegend ist, bekommt man in den Straßen um den Bahnhof herum alles, was ein Mann normalerweise so braucht. Es gibt ein Pornokino, ein Kino, das auf entsetzlich grausame, italienische und japanische Western spezialisiert ist, ein Kino, das sich auf den häuslichen Konsum japanischer Rührstücke spezialisiert hat, und noch ein anderes zeigt unablässig ›My Fair Lady‹. Da gibt es das Klingeln und Klirren der *pachinko*-Salons (Flippersalons), ein paar Konditoreien, die ungeheuer luxuriöses europäisches Gebäck verkaufen, eine Sporthalle und ein oder zwei Erotic-Shops.

Wenn es hier weniger aufregend zugeht als in den anderen Städten, die in einem gewaltigen und schlecht realisierten Konzept zum sogenannten Groß-Tokio zusammengeschweißt wurden, so beruht das auf der Tatsache, daß es sich in erster Linie um eine Wohngegend handelt, wenngleich man auch hier eine Ansammlung von Hotels findet, die ihre Gastlichkeit stundenweise anbieten. Sie sind ruhig in einer Seitenstraße in Bahnhofsnähe gelegen, eine Querstraße entfernt von einem faulenden Abfallhaufen vor einem chinesischen Restaurant, und keine Gegend, wie respektabel sie auch immer sein mag, ist ohne sie vollständig – denn in Japan sind auch Bordelle absolut respektable Einrichtungen.

Stets sind sie peinlich sauber und behaglich, und die teuereren sind besonders schön mit ihren klingenden Mobiles, Steinlaternen, kleinen Felsengärten mit Bächen, Teichen und Wasserlilien. Sie erinnern tatsächlich so sehr an ein privates Wohnhaus, daß das vereinzelte erotische Zubehör – eine rote Glühbirne in der Nachttischlampe, ein Gerät, das nach Einwurf einer 100-Yen-Münze fünf

Minuten lang enthusiastisches Stöhnen, Ächzen und Keuchen ausstößt – wie ein schlechter Witz in einer fremden Sprache wirkt. Repression ist in jedem Bereich wirksam außer im sexuellen, auch wenn Intimität nur zu Wucherpreisen erhältlich ist.

Es gibt wenige angenehme Spazierwege in der Nähe; die baumbeschattete Promenade am Fluß kann nur Koprophilen einen Anreiz bieten. Aber es macht Spaß, einkaufen zu gehen. Da wir uns in Japan befinden, kosten Tomaten mit Beulen und knubbelige Äpfel nur halb soviel wie makelloses Obst. Es ist Erdbeerzeit. Der Mann am Obststand packt stramme Reihen daumengroßer Beeren, jede so rot wie die Uniform eines Gardesoldaten, in Polyäthylenschachteln und wickelt jede Schachtel vor dem Verkauf in Papier mit dem Aufdruck »Erdbeeren für Gesundheit und Schönheit«.

Nahrungsmittel, die nicht einheimisch sind, schmecken oft, als hätte sie jemand nach einem Rezept zusammengemixt, der das eigentliche Produkt nie zu Gesicht bekommen hatte. Käse, Butter und Milch, zum Beispiel, weisen einen derart hygienischen Mangel an Eigengeschmack auf, daß sie nicht im entferntesten mehr an die Kuh auf der Wiese erinnern. Sie schmecken absolut synthetisch, wenn auch nicht unangenehm, und auf eine undefinierbare Weise pervers. Sahnepulver (Handelsname »Creap« statt cream) macht sich im Kaffee kaum bemerkbar. Tatsächlich ziehen die meisten Leute Dosenmilch vor.

Tokio kann man eigentlich nicht glückliche Stadt nennen – keine Bürgersteige, Lärm, wenig öffentliche Plätze, um sich niederzusetzen und auszuruhen, gelegentlich auch in den besten Gegenden übelriechende Abwasserdünste, und gestern sah ich eine Ratte im Supermarkt. Sie stürzte unter der Seetang-Theke hervor und verschwand in der Metzgerei. *»Asoka«*, sagte der Verkäufer, was soviel heißt wie »Na ja, nun, ich habe damit nichts zu tun«, ein Satz, der alles und nichts bedeutet. Aber schließlich ist diese Stadt doch ein Triumph des Erfindungsgeistes, Megapolis. Irgendwie bringt man es fertig, sie als ungeheuer angenehmen Ort zu betrachten, wo es sich leben läßt. Es ist, als hätte Fellini ein Remake seines Films ›Alphaville‹ beschlossen.

In dieser Straße gibt es auch einen Trimmsalon für Pudel, ein von Polizisten streng bewachtes Pepsi-Cola-Abfüllwerk, einen Nudelladen, der mit seinem Farbfernseher prahlt, ein Matratzengeschäft, in dem auch nach altem Vorbild aus Weidengeflecht hergestellte Nackenstützen verkauft werden; zahllose Buchhandlungen, von denen jede ein oder zwei Regale mit europäischen Büchern aufzuweisen hat, Andenken an diejenigen, die früher hier vorbeigekommen sind – eine zerfledderte Paperbackausgabe von ›The Rosy Crucifixion‹, eine Abhandlung über die Haltung von Wellensittichen, über Marx und Engels in England; einen Automaten, aus dem man hübsch in Purpur und Gold verpackte Kondome der Marke »Young Jelly« ziehen kann; und ein Schwimmbad.

Ich bin die erste Farbige in dieser Straße. Ich zog am Geburtstag des Kaisers ein, deshalb waren die Kinder alle schon aus der Schule zurück. Sie spielten Fangen hinter dem Haus, und ein kleiner Junge kam, um sich in der Fensternische zu verstecken. Er sah sich um, und sein Blick fiel auf mich. Er ließ kein Erschrecken erkennen, verschwand aber sofort. Dann war Stille und kurz darauf ein leises Donnern winziger Schritte. Sie sammelten sich um die Fenster herum, unsichtbar spähend, und es erhob sich wie das Rascheln trockener Blätter im Wind das Murmeln zahlloser, leiser Stimmen, die in schierer, mühsam unterdrückter Überraschung das Wort »Gaijin, Gaijin, Gaijin« (Ausländerin) flüsterten. Wir sind nicht unter uns. *Asoka.*

›New Society‹, 1970

Menschen wie Bilder

Die japanische Tätowierkunst, *irezumi,* steht in derselben Relation zum blumenumkränzten Herzen auf dem Unterarm eines Matrosen der Handelsmarine wie die Sixtinische Kapelle zu den Graffiti auf einer Toilettenwand. *Irezumi* bedeutet Tätowierung in toto. Sie verwandelt ihr

Opfer in ein Meisterwerk der Genremalerei. Es erduldet die strenge, unauslöschliche, kosmetische Veränderung durch Ahle und Skalpell (denn die Meister ihres Fachs verwenden keine Nadel) bis es, einzig und prächtig in seiner Verstümmelung, zum absurden und zugleich großartigen Kunstwerk wird.

Der Mensch wird zu einem Kunstwerk spezifisch japanischer Authentizität. Er ist sichtbar großartig; von ihm geht der schicksalhafte Glanz des Masochismus aus; und er trägt auf seiner Haut das unauslöschliche Kastenzeichen. Bizarre Schönheiten erblühen in den programmierten Reservaten der Unterdrückung. Die Marionetten des Bunraku Theaters sind die leidenschaftlichsten der Welt. *Ikebana* ist die Kunst, Blumen zu quälen. *Irezumi* malt mit Schmerz auf eine Leinwand aus Fleisch und Blut.

Während der ersten Berührung Japans mit dem Westen in den achtziger Jahren des vorigen Jahrhunderts wurde *irezumi* offiziell verboten, doch der Brauch blühte weiter, und die Gesetze wurden später wieder aufgehoben. Obwohl die Kunst des Tätowierens heute rückläufig ist (vielleicht bedingt durch die Verbürgerlichung der japanischen Arbeiterklasse), sieht man auch heute noch an den sommerlichen Stränden in der Nähe von Tokio, auf Baustellen und in den öffentlichen Bädern bestimmter Viertel, ja eigentlich überall, wo Angehörige des städtischen Proletariats in der Öffentlichkeit ihre Kleider ablegen, bebilderte Männer in ihrer antiquierten, aber doch unbestreitbaren Pracht.

Diejenigen, die traditionell Tätowierungen trugen – Zimmerleute, Gerüstbauer, ungelernte Arbeiter, Spieler und Verbrecher – tragen sie auch heute noch, beinahe wie ein Berufsabzeichen. Unter Gangstern und in der Unterwelt ist das Tätowieren eine Art Initiationsritus, denn es ist zugleich schmerzhaft, zeitaufwendig und kostspielig. Oftmals wird es in der Pubertät durchgeführt.

Die Kunst des Tätowierens erfährt aktive Anerkennung, die sich auch auf nicht-japanische Stilarten ausdehnt. Ein australischer Kriegsgefangener zum Beispiel, der besonders viele Tätowierungen westlichen Stils aufzuweisen hatte, wurde oft aus der Menge seiner Kameraden herausgerufen, um sich vor ranghohen Militärs, die das Lager besuchten, zur Schau zu stellen, und von seinen faszinierten und bewundernden Wächtern bekam er eine Menge kleiner Geschenke, wie Süßigkeiten, Kekse und Zigaretten. Diese Leidenschaft für Tätowierungen geht sogar bis zum Sammeln von Häuten. In Tokio gibt es ein privates Museum, das sich die Ausstellung besonders schöner Exemplare zur Aufgabe macht. Es heißt, in der Blütezeit von *irezumi* hätten Liebhaber dieser Kunst die Bilder direkt vom Rücken eines Mannes gekauft. Sie bezahlten in bar und warteten dann auf das Ableben des Trägers, um die Haut mit dem Meisterwerk in Empfang nehmen zu können. So wurde für einen armen Arbeiter die Tätowierung vielleicht zu einer echten Investition, ja, sogar zu einer Lebensversicherung.

Die Ursprünge dieses Brauchs, wie die Ursprünge der Japaner selbst verlieren sich im Nebel der Vorzeit. Die Tätowierkunst ist in Ozeanien zu Hause. Man erinnere sich an Melvilles wandelnde Leinwand, Queequeg; und das englische Wort »tatoo« ist aus der Sprache Tahitis abgeleitet. Im dritten Jahrhundert vor Christus wurde der Brauch von einer chinesischen Chronik den Wo, den Ureinwohnern Kyushus, der südlichsten japanischen Insel, zugeschrieben. Diese Chronik, ›Die Aufzeichnungen des Wei‹, sagt: »Männer, groß und klein, tätowieren ihr Gesicht und schmücken ihren Körper mit Zeichnungen ... Sie tauchen gern nach Fischen und Muscheln und bemalten ihren Körper ursprünglich, um große Fische und Wasservögel fernzuhalten. Später jedoch hatten diese Zeichnungen nur noch ornamentale Bedeutung.«

In jüngerer Zeit ist *irezumi* in erster Linie eine Angelegenheit der unteren Klassen, doch die klassische Epoche war die Edo-Ära (1603–1867). Sogar der große Künstler Utamaro verließ seinen Druckstock um eine große Zahl von Tätowierungen zu entwerfen. Es wurden Tätowierungswettbewerbe abgehalten, bei denen Feuerschlucker, Handwerker, Sänftenträger, modebewußte Kaufleute und sogar Samurais in der Zurschaustellung ihrer Farben wetteiferten. Die Geishas der Vergnügungsviertel waren häufig mit bemerkenswerter Raffinesse tätowiert, vor allem auf dem Rücken. In einer seiner Kurzgeschichten schreibt der moderne Romancier Junichiro Tanizaki mit charakteristischem Scharfsinn einem gesellschaftlich anerkannten und sehr aktiven Tätowierungskünstler jener Zeit sadistische Neigungen zu: »Sein Vergnügen lag in der Agonie, in die die Männer fielen ... Je lauter sie schrien, um so deutlicher wurde Seikichis seltsames Entzücken.«

Die heute bevorzugten Motive beruhen noch immer auf denen, die im achtzehnten und neunzehnten Jahrhundert populär waren. Dazu gehören der Drachen, der Stärke und Scharfsinn verleiht, der Karpfen (Ausdauer), Volkshelden, wie das Wunderkind Kintaro, Symbol des Erfolges, chinesische Weise und japanische Gottheiten. Sollten hinter der Wahl der Symbole Reste von Aberglauben zu finden sein, so ist das den Trägern aber wahrscheinlich genauso wenig bewußt wie den japanischen Baseball-Teams mit Namen wie »Hiroshima Toyo Karpfen«, »Chunichi Drachen« oder »Osaka Tiger«. Viele der Zeichnungen haben keine derartige Bedeutung und werden allein wegen ihrer Schönheit ausgewählt. Blumen. Das Meer. Der Blitz. Berühmte Liebespaare. Junge, von Schlangen überraschte Damen.

Die Japaner zeigen traditionell so wenig Interesse am nackten menschlichen Körper, daß man geneigt ist, von Widerwillen zu sprechen. Lady Murasaki, Romanschriftstellerin des elften Jahrhunderts, schreibt mit dem Schauder des Abscheus: »Unvergessen entsetzlich ist der Anblick des nackten Körpers. Er besitzt wirklich nicht die geringste Anmut.« Selbst die erotischen Akteure der illustrierten Sex-Ratgeber der Edo-Ära legen nur selten ihren Kimono ab. Die entblößten Genitalien werden zwar überdeutlich wiedergegeben, aber der Rest des menschlichen Körpers bleibt dicht verhüllt, sei es, weil er für den Zweck des Bildes als unwichtig erachtet wird, sei es, weil nie jemand den Japanern gesagt hat, daß der menschliche Körper als göttlich anzusehen ist.

Der moderne japanische Mann hat eine andere Einstellung zu weiblicher Nacktheit gefunden, und weiß ihre erotischen Qualitäten inzwischen zu schätzen – so, als würde er mit Donne sagen: »Oh, mein Amerika! Mein neuentdecktes Land!« Aber nach zweitausendjähriger Indifferenz wirken die heutigen Reaktionen auf beispielsweise eine Strip Show ein bißchen so, als hätte man sie von woanders geborgt.

Nun kann ein Mann, der reich tätowiert ist – und der *irezumi*-Künstler ist alles andere als geizig – schwerlich als nackt bezeichnet werden, denn er kann niemals seine intimsten und fröhlich-bunten Kleidungsstücke ablegen. Er kann splitternackt sein und ist dennoch bekleidet, daher braucht er sich nie zu schämen. Niemals sieht er hilflos, wehrlos oder undelikat nackt aus. Dieser Faktor mag für die psychologische Grundlage von *irezumi* von Bedeutung sein oder nicht – in jedem Fall aber bietet *irezumi* der möglicherweise bedrohlichen Form des menschlichen Körpers eine vollständige Verkleidung. In Japan liegt das Wesentliche oft in der äußeren Erscheinung.

Die Japaner lassen sich mit einer Tätowierung versehen, die mehr oder weniger einem hautengen viktorianischen Badeanzug gleicht. Das fertige Werk bedeckt Rükken, Gesäß, beide Arme bis zum Ellbogen und die Oberschenkel. Brustmitte, Magen- und Bauchbereich werden üblicherweise in ihrem natürlichen Zustand belassen. Dies verstärkt sogar noch den Eindruck des »Angezogenseins«, denn die in die Tätowierung einbezogene nackte Haut wirkt ebenfalls künstlich.

Die Technik des *irezumi* ist folgende: Zunächst wird das Muster ausgesucht, oft aus einem recht alten Buch mit überlieferten Vorlagen. Dann wird die Vorlage mit schwarzer, chinesischer Tinte oder *sumi,* der die Technik ihren Namen verdankt, auf die Haut übertragen. *Irezumi* leitet sich ab von *sumi* und *ireru,* was »setzen« oder »legen« bedeutet. Die Farbe wird anschließend innerhalb dieser Umrisse aufgetragen. Man verwendet eine Reihe dreieckig geformter Hohl- oder Stechbeitel. Der farbgesättigte Pinsel wird vom kleinen Finger der linken Hand unbewegt gehalten, während der Hohlbeitel, der sich in der rechten befindet, am Pinsel entlang und unter die Haut geschoben wird. Das wird so oft wiederholt, bis sich eine dicke, klare Linie gebildet hat. Um die Arbeitsfläche sauber zu halten, muß der Meister ständig das Blut fortwischen. Schließlich arbeitet er, unter Verwendung der gesamten, traditionellen Palette die Zeichnung in die Epidermis ein.

Die traditionelle Palette ist immer noch die der Edo-Epoche. Die vorherrschende Farbe ist *sumi*, das unter der japanischen Haut zu einem unbeschreiblichen Blau wird. Auch Grün findet Verwendung, zusammen mit einem hellen Blau und einem sehr zurückhaltenden Rot, dessen Anwendung jedoch so schmerzhaft ist, daß der Kunde nur ein paar wenige neue Quadratzentimeter pro Woche erträgt. Der Pinsel erfordert, ebenso wie der menschliche Körper, auf dem er zur Anwendung kommt, eine Technik der geschwungenen Linien. Das Gemälde fließt um den Körper mit der verspielten Wollust der Art Nouveau. Beim *irezumi* kann es keine geraden Linien geben. Es wirkt wie derb geklöppelte Spitze, es ist eine den ganzen Körper einschließende, totale und vollständige Transformation.

Diese kompromißlose Geschlossenheit der Tätowierung macht *irezumi* so einzigartig. Die wahllose Zufälligkeit der in Nadeltechnik produzierten Tätowierungen – ein Drachen hier, ein Grabstein mit der Aufschrift »Mutter« dort und auf dem Bizeps der Name »Mavis« umschlungen von einer Rosenknospenranke – gibt es hier nicht. Die Meisterstücke europäischer Tätowierkunst ahmen im wesentlichen die Malerei nach. Wenn ein europäischer Tätowierer Gegebenheiten des Körpers nutzt, auf dem er seine Motive abbildet, so ist das gewissermaßen ein glücklicher Zufall – wenn zum Beispiel eine Hundemeute den Rücken eines Mannes hinunterjagt und der Fuchs gerade im Anus verschwindet. Beim *irezumi* gibt es keine solchen Späße. Auch keine Sinnsprüche, Totenköpfe und Dolche.

Es kann eines ganzen Jahres mit wöchentlichen Sitzungen beim Tätowierer bedürfen, bevor das Werk vollendet ist. Die Sitzungen dauern so lange, wie es der Kunde ertragen kann, manchmal mehrere Stunden hintereinander. Der Vorgang, eine größere Hautpartie mit Pigment zu bedecken, kann außerordentlich schmerzhaft sein. Wundschmerz und Juckreiz begleiten das Wachstum des Gartens auf der Haut. Wer schön sein will, muß leiden.

Die Tätowierungsmeister haben ihre Kunst meist von ihren Vätern geerbt. Die Lehrzeit ist lange und mühsam, und sie erfordert ein hohes Maß an künstlerischem Geschick. Die Meister sind sich der archaischen Würde ihres Berufes bewußt; man trifft sie in den alten Vierteln von Tokio, wo noch die Bräuche des alten Edo (der Name für Tokio vor der Meiji-Restauration) gepflegt werden, wo man noch Grillen in Käfigen hält oder Singvögel züchtet.

Irezumi ist ein sehr beliebtes Motiv in japanischen Unterhaltungsfilmen. Für den heimischen Bedarf produziert Japan nämlich eine Reihe populärer Mythen über den einheimischen Gangster, den *yakusa.* Das Wort »Gangster«, das nach Al Capone klingt, wird diesen Banditen allerdings nicht ganz gerecht, die Kimonos tragen, oft auch noch mit dem Schwert kämpfen und sogar heute noch auf merkwürdig altmodische Art respektiert werden. Die *yakusa*-Filme spielen meist in den dreißiger Jahren, wenngleich der einzige Zeitbezug ein gelegentlicher Straßenanzug westlicher Machart, ein Sattelschlepper oder ein Revolver ist. Die Helden stellen hübsche, allerdings mit Fettstiften gemalte, *irezumi* zur Schau, einfach als Zeichen ihres *yakusa*-Status.

Das Motiv der tätowierten Braut aus der Gangster-Klasse oder dem Bordell, die es »geschafft« hat, bürgerlich zu werden, dann aber in der Hochzeitsnacht tränenreich ihre Vergangenheit offenbaren muß, ist keine Seltenheit. Unfreiwillige Tätowierungen sowohl bei Männern als auch bei Frauen sind ebenfalls ein häufiges Motiv. Sie können Bestrafung für die Verletzung von Gruppengesetzen sein oder Rache als Ursache haben. In manchen Pornofilmen werden Frauen entkleidet und ausgiebig tätowiert. Der Tätowier-Meister beugt sich mit irre glitzerndem Blick und glänzender Ahle über das sinnlicherregende Fleisch seines wehrlosen Opfers – ein immer wiederkehrendes Stilleben in der Bildband-Reihe ›Adult Cinema – Japan‹. Man sieht es genauso häufig wie Abbildungen junger Frauen, die kopfüber von der Decke hängen, während ihnen die Brust amputiert wird.

Masochismus und Sadismus sind die zwei Seiten ein und derselben Medaille, und vielleicht kann eine repressive Kultur nur mittels stark masochistischer Elemente bei den Opfern aufrechterhalten werden. In Japan ist selten eine ärgerlich erhobene Stimme zu hören, und noch seltener ist eine öffentliche Auseinandersetzung zu sehen. Es wird schon auf subtile Weise als aggressiv angesehen, beim Lächeln die Zähne zu zeigen, könnte sich doch dahinter ein Zähnefletschen verbergen. Wenn ich mich über meinen Freund ärgere, werde ich ihm das nicht nur nicht sagen, sondern wahrscheinlich überhaupt nie mehr mit ihm sprechen. In Japan sterben mehr Menschen am Schlaganfall als an irgendeiner anderen Krankheit, gerade so, als hätten sie ihre Gefühle so lange hinuntergeschluckt, bis sie eines Tages explodieren.

Vielleicht muß man seinen Masochismus intensiv kultivieren, um in einer Gesellschaft überleben zu können, die auf ununterbrochenen öffentlichen Bekundungen allgemeinen Wohlwollens basiert, ganz zu schweigen davon, wieviel Masochismus man braucht, wenn man an der Aufrechterhaltung einer solchen Gesellschaft mitwirken will. Den innersten Charakter des *irezumi* zu beschreiben ist schwer, aber es gibt keinen Zweifel, daß es eine der subtilsten, raffiniertesten und geschicktesten Formen des Sado-Masochismus ist, die der Verstand des Menschen je ersonnen hat. Und sie überlebt auch im modernen Japan mit großer Hartnäckigkeit.

›New Society‹, 1970

Wieder einmal durch die Hölle

Sie enthalten genaueste praktische Anweisungen für sexuelle Probleme und ganzseitige Hochglanz-Nacktfotos zum Ausschneiden und An-die-Wand-heften. Die Nackten sind mit diversen Phallussymbolen ausgestattet (Baguettes oder diese rundköpfigen japanischen Puppen), und sie haben alle ein ängstlich-fragendes Lächeln im Gesicht, als wollten sie mit jener den Japanern eigenen gekünstelten Hemmungslosigkeit sagen: »Bin ich erotisch genug?« Ganzseitige Werbeinserate zeigen pausbäckige, ungeheuer vertrauenswürdig aussehende Männer mit Flaschen voll magischer Elixiere in den erhobenen Händen und der Frage auf den Lippen: »Kommen Sie zu schnell? Haben Sie Probleme mit *Ihrer* Erektion?« Man erkennt auf den ersten Blick, daß diese japanischen Comics nichts für Kinder sind.

Was ihre Inhalte angeht, so scheinen sie sich tatsächlich entweder an geisteskranke Sexbesessene oder an eingeschworene Surrealisten zu wenden. Diese Bildserien stellen ein Vademekum heimlicher Lebensinhalte dar – sie sind Bildlexika der wildesten nur denkbaren Begierden, von Gewalt und Terror, lavaartige Ausbrüche des Unterbewußten mitten aus einer Gischt von Blut. Dennoch ist es der wohlanständige Herr Jedermann, der sie kauft, um sie auf dem Heimweg zur friedlichen Teestunde, zum abendlichen Fernsehen und zu beständiger, ungestörter und absoluter Schicklichkeit durchzublättern.

Tod, Verstümmelung und Geschlechtsverkehr sind die rüden Konstanten in japanischen Comic-Heften, gleichgültig, was da erzählt wird. Jedes Heft enthält eine Anthologie verschiedener Stories plus Pin-ups, eine Arzt-Kolumne und Witzzeichnungen. Obwohl es keine ausgesprochenen Kriegs-Comics in Japan gibt, finden sich häufig Kriegsgeschichten in diesen Heften (und wenn sie vom Krieg im Pazifik handeln, sind sie oftmals extrem anti-japanisch). Es gibt keine eigentlichen Horror-Comics, doch das Erbe der *kwaidan* (Geistergeschichten mit abscheulichen Kobolden) läßt sich nicht verleugnen. Zusammenfassend kann man sagen, Erwachsenen-Comics handeln entweder von Sex und Gewalt vor dem Hintergrund einer Wolkenkratzer-Skyline, der bildlichen Darstellung des heutigen Tokio, oder sie handeln von Sex und Gewalt in den Pinienwäldern, Burgen und Geisha-Häusern der ruhmreichen, aber unwirklichen Vergangenheit. Sie werden schwarz-weiß unter gelegentlicher Verwendung von rot auf gewöhnlichem Zeitungspapier gedruckt.

Die Comics des modernen Lebens enthalten häufig Stories, die auf aktuellen Ereignissen basieren: die Heldentaten von erpresserischen Bardamen, Bankräubern, Gangstern, Betrügern und Entführern von Schulmädchen. Schulmädchen gehören zu den immerwährenden Blüten japanischer Erotologie wegen ihrer charakteristischen Uniformen: Matrosenblusen, Faltenröcke und schwarze Strümpfe, genau wie Colettes erster Ehemann sie beschrieben hat.

Die Texte sind stilistisch primitiv und ergreifen ganz in der Art internationaler Trivialliteratur häufig die Gelegenheit, zu moralisieren – wenn der Tenor dieses Moralisierens den Außenstehenden auch manchmal verblüfft. Zwei junge Mädchen mit Schlapphüten, langen Röcken, hohen Stiefeln, gebleichtem Haar und falschen Wimpern geben sich einem ausschweifenden Leben hin. Sie besuchen Hasch-Parties (wo der Trip plötzlich, wie in einem altmodischen Avantgardefilm, ins Negative umschlägt), bumsen mit Pop-Sängern, finden nur die große Langeweile und beschließen ihre Karriere, indem sie Hand in Hand von einer Brücke springen. Das letzte Bild, auf dem sie mitten in der Luft liebevoll ihre Hüte festhalten, ist mit folgender Sentenz versehen: »Denn das Leben ist flüchtig wie der Tau des Morgens, und die Welt ist nur der Traum eines Traums.«

Die Technik aller Comics scheint eher vom Film entliehen zu sein als von der amerikanischen Comic-Kunst, wie auch die Thematik eher auf eine Verbindung zu zweitklassigen Spielfilmen hinweist als auf die selbstbewußte Schrullenhaftigkeit der amerikanischen Comic-Helden. Da der Comic, formal gesehen, im wesentlichen aus einer Aneinanderreihung stehender Bilder besteht, die sich erst in der Gegenwart des Lesers entfalten, ist die Wirkung die einer ständigen statischen Zuckung. Das ist ein Zustand, der ziemlich genau den der japanischen Gesellschaft widerspiegelt.

Ein typischer Comicstrip beginnt mit einer »Vorschuß«-Sequenz, die sich manchmal über zwei Seiten erstreckt. In historischen Geschichten kann dies eine malerische, actiongeladene, in alle Details gehende Darstellung einer Kriegsszene oder einer Hinrichtung sein. In einer modernen Story kann sie den Höhepunkt eines Pferderennens oder Boxkampfes zeigen oder den Helden oder die Heldinnen oder beide in verblüffender Position (die Heldin liegt beispielsweise auf dem Rücken, und zwischen ihren Beinen kommt röhrend ein Rennwagen hervor). Das ist die Ouvertüre, die Vorspeise.

Die Geschichte selbst setzt sich aus einer Reihe von Totalen, Nahaufnahmen und Schwenks zusammen, unter Verwendung einer ausgeklügelten Montagetechnik. Eine typische Montagesequenz in einem Samurai-Comic kann so aussehen: ein Vogel auf einem kahlen Ast, im Hintergrund der Mond; die drachenschwänzigen Zinnen einer Burg; ein Auge; eine Hand, die ein Schwert hält. Hin und wieder werden auch Methoden verwendet, die Schwenk- oder Zoomaufnahmen entsprechen: zum Beispiel eine Aneinanderreihung von Nachtaufnahmen mit Mond und Wolken in verschiedenen Formaten.

Man könnte jede dieser Stories als ungewöhnlich detailliertes Drehbuch verwenden. In jüngerer Zeit hat sich ein Modetrend in Japan entwickelt, der sehr stark an die Comic-Heft-Version eines Italo-Western erinnert, eine andere Spielart hoher emotionaler Intensität und stilisierter Gewalt.

Es gibt jedoch auch Künstler, die Elemente der traditionellen graphischen Kunst Japans verwenden. Bis ins zwanzigste Jahrhundert hinein hat es einen blühenden Handel mit illustrierten Unterhaltungsbüchlein gegeben, mit ausführlichen Schilderungen heroischer Abenteuer und Geschichten über das Leben in den Bordellvierteln. Die japanische Schrift ist an sich schon eher ein visuelles Medium als die lateinische und dient dazu, die visuelle Sensibilität zu schärfen. Comic-Hefte, wie verfremdet sie auch immer sein mögen, stellen an sich nicht einen vollständigen Bruch mit der Tradition dar, noch bedeuten sie den Anfang einer post-literarischen Periode. Aber es ist in gewisser Weise auch schon ein Zeichen für geistige Erschlaffung, wenn in Überschriften (jedoch aus irgendeinem Grund nicht im Text) besonders komplizierte chinesische Schriftzeichen oftmals eine phonetische Umschrift erhalten, die mit kleinen Buchstaben danebengedruckt wird.

Besonders historische Stories lehnen sich in ihrem graphischen Stil häufig an die Vergangenheit an. Das macht sie schöner, als es die modernen Geschichten sind. Ab und zu ziehen sie bei besonders atemberaubenden Szenen auch kalligraphische Erläuterungen den Sprechblasen vor, die aus den Köpfen der Akteure aufsteigen.

Was da eigentlich auf den Bildern passiert, kommt mir oft recht merkwürdig vor, da ich nicht japanisch lesen kann. Wenn es eine Übersetzung gibt, so stellt sich gewöhnlich heraus, daß es bei weitem schlimmer ist, als ich gedacht hatte. Warum wehrt sich dieses Mädchen nicht während einer Mehrfachvergewaltigung? Weil man ihr zuvor in weiser Voraussicht sämtliche Glieder ausgerenkt hatte. Warum liegt diese weinende alte Dame mit diesem wild dreinblickenden Jungen im Bett? Sie ist seine Mutter, sie hat sich ihm hingegeben als mehr oder weniger wirksame Soforttherapie gegen seinen nachhaltigen Voyeurismus. Kann dies tatsächlich die Nahaufnahme einer weiblichen Körperöffnung sein? Ja. Es kann.

Auch Skurriles ist zu finden.

Die Saaldecke in einer Burg ist gespickt mit Schwertern in abgeschlagenen Händen, von denen das Blut auf den Boden heruntertropft.

Ein Mann von der Größe eines Flohs setzt einen Kuß auf die Brustwarze einer Riesin, als setzte er eine Flagge auf einen jungfräulichen Berggipfel. Beim Erwachen zerquetscht sie ihn zwischen den Fingern.

Ein von Geschwüren geplagter Adliger sieht den Kopf des von ihm ermordeten Sohnes aus jeder Eiterbeule ragen. In einem tödlichen Versuch des Exorzismus schneidet er mit seinem Schwert entschlossen die verhaßten Stellen aus, bis er schließlich als einzige klaffende Wunde zusammenbricht.

Der Samurai-Comic bietet die erstaunlichste Ernte an Sadismus, Masochismus, Nervenkitzel, Beunruhigendem und Grauenvollem, vielleicht weil die ihm innewohnende mythische Qualität einer pseudohistorischen Zeit, mit der er arbeitet, schöpferische Energien weckt. Die priesterlich-strenge Bilderwelt ist gelegentlich geradezu verblüffend. Die positive Seite einer trivialen Kunstform ist die Tatsache, daß sie über sich selbst hinauswachsen kann. Ein Künstler namens Hachiro Tanaka erhebt sich aus der visuellen Anonymität seines Genres durch einen so überdeutlichen Erotizismus, eine so perverse Differenziertheit, daß er im Westen zu einer Kultfigur geworden ist und limitierte Ausgaben von ›Die Hundertzwanzig Tage von Sodom‹ illustriert.

Tanaka verübt lyrisch-bizarre Vernichtung mit stilistischen Mitteln, die vereinfachen bis an die Grenze der Abstraktion. Seine Betonung des dekorativen Elements – das Muster auf einem Paravent, einem Kimono, die Anordnung von Kämmen im Haar eines Mädchens – und seine gleichzeitige Verzerrung menschlicher Formen haben eine Wirkung, die irgendwo zwischen Gustav Klimt und Walt Disney angesiedelt ist. Seine Heldinnen mit ihren Kindergesichtern typisieren die Frau als masochistisches Objekt. Das ist die Funktion, die sie üblicherweise im Comic erfüllt.

Ausschließlich zum Leiden erschaffen, wird sie jeder Entwürdigung unterworfen. Sie wird gezwungen, an Gruppensex teilzunehmen, Szenen, in denen es schwerfällt, herauszufinden, welche Brust wem gehört, ihr üppiger Körper wird gegen ihren Willen an reptilienähnliche, fettleibige, alte Männer vermietet; die Frau bei Tanaka hat immer Tränen in den Augen, und unablässig formen ihre geschwollenen Lippen das runde »O« des Leides bis zum unausweichlichen Ende der Geschichte, bei dem sie schließlich emphatisch von einem Schwert durchbohrt wird; oder aber ihr abgeschlagener, noch immer weinender Kopf wird zu einem der von ihm sehr geliebten Standfotos. Doch welchen Weg eine Frau auch gehen mag, sie geht immer durch die Hölle – es sei denn, sie ist wirklich sehr verworfen; gehorcht sie dem Gesetz de Sades, lebt sie von da an glücklich und zufrieden.

Der gezauste Vogel ist zwar die Norm, doch ist die Frau im Comic-Strip eine auf subtile Weise vielseitige Gestalt. Es gibt eine Serie, die sich auf erotische Sciencefiction spezialisiert hat. Auch hier ist die künstlerische Darstellung von hoher Qualität. Der unterschwellige Inhalt spiegelt vermutlich die Ängste wider, die durch die Arztkolumnen geistern. (»Wie kann ich meinen Penis vergrößern?«) Eine Art von Superfrauen hat den Mann mit seiner Suche nach sexueller Befriedigung hinter sich gelassen und verwendet, in einer Keuschheit ganz eigener Art, Vorrichtungen, die Meisterwerke japanischer Technologie sind, wie zum Beispiel Stühle mit Händen, die die Brüste massieren, und elektronische Leckgeräte. Die letzteren sind als verlängerte, sich windende Zungen auf Beinen ausgebildet, welche Spasmen außergewöhnlichen Entzückens hervorrufen, wenngleich sie (bezeichnenderweise) häufig durchbrennen.

Ein anderes Mal räkelt sich eine fettleibige Harpyie auf einem Polster aus kleinen, zusammengequetschten Männern in blauen Business-Anzügen; mit ihrem gierigen Mund verschlingt sie Fernseher, Waschmaschinen und all die anderen Errungenschaften der modernen Industriegesellschaft. Und dann wieder hockt eine alte Frau über einem schlafenden Jungen und malt sich mit dem Saft, den sie ihrem Opfer entzieht, ein junges Gesicht über ihr eigenes welkes. Eine Kultur, in der die Frauen im Haus gehalten werden, ist extrem hart gegen Männer.

Menschliche Beziehungen haben entweder die öde Anonymität der Vergewaltigung oder sie sind in ihrem eigentlichen Wesen tragisch. Nicht einmal auf der trivialsten Ebene der Kunst scheint der Japaner fähig zu sein, die vereinfachende europäische Formel: »Und sie lebten glücklich und zufrieden …« über die Lippen zu bringen.

Das Mädchen stirbt an der Vergewaltigung in den Armen des Ritters, der sie befreit hat; er geht allein davon, ganz à la Hemingway, hinein in eine einsame Landschaft unter einem abnehmenden Mond. Das Mädchen und der Ritter töten den Grafen, der sie in ein Bordell verkauft hat; sie opfern sich selbst. Das fortgelaufene Barmädchen schluckt Schlaftabletten. Liebe ist eine tragische, verhängnisvolle Leidenschaft; dennoch lieben sie heldenhaft. Die Kultur Japans ist sehr romantisch, selbst wenn der Japaner im Comic-Strip den Mädchen riesige Dolche in den Leib stößt, ihnen bei lebendigem Leib die Haut abzieht, sie kreuzigt und sie sogar zu sechst oder siebt gleichzeitig bespringt.

Zwischen den einzelnen Stories findet man humorvolle Karikaturen. Ein Mann zieht seine Melone, um einen kahlen Schädel, gekrönt von einer Brustwarze, zu enthüllen. Ein entschlossener Liebhaber spitzt seinen Penis mit dem Messer an, während ein Mädchen ihm mit zustimmendem Wohlwollen zusieht. Eine ungewöhnliche Karikatur stellt ungeahnte Arten von Streß, die in den unflexiblen Familienstrukturen entstehen können, dar, indem sie ein Baby an der Brust zeigt, das seine Mutter buchstäblich leersaugt, bis sie nur noch ein entleerter Hautsack ist. Ungeniert wuchert skatologischer Humor. Ein Mann erhebt sich über die Tür eines Klohäuschens hinaus, angetrieben von dem wachsenden Berg seiner eigenen Exkremente; unbeeindruckt fährt er mit der Lektüre seiner Zeitung fort. Ein Mann drückt und drückt und preßt schließlich sein ganzes Gedärm hervor. (Die einheimischen Toiletten ohne Sitz auf Fußbodenniveau fördern geradezu eine enge und schmerzliche Beziehung zur eigenen Scheiße.)

Im wesentlichen dienen Comic-Hefte einfach der unzensierten nackten Darstellung von Träumen. Sie sind für etwa 10 Pence an jedem Zeitungskiosk erhältlich. Sie sind keine Nahrung für Intellektuelle; wenn Yukio Mishima sich in aller Öffentlichkeit den Bauch aufschlitzt, kann das schwerlich auf den Einfluß wahnhafter Darstellungen von Selbstmord in Comic-Heften zurückzuführen sein. Diese Hefte werden in Momenten der Muße von Menschen gelesen, deren tägliches Leben von vollendeter Sanftheit, Zurückhaltung und Freundlichkeit bestimmt ist, die eine Sprache sprechen, in der es keine Flüche gibt und in der Blasphemie unmöglich geworden ist, seit der Kaiser seinen Gottesstatus abgelegt hat. Es gibt nur wenige Gesellschaftsformen, in denen eine vergleichbare Betonung auf Zurückhaltung in der Öffentlichkeit und Wahrung der Formen im Privatleben gelegt wird. Nur wenige bieten derart durchstrukturierte Überdruckventile.

In importierten ›Playboy‹-Ausgaben und in im Inland hergestellten Nackt- und Kinomagazinen für Erwachsene wird das Schamhaar, soweit es zufällig zu sehen ist, sorgfältig mit schwarzer Tinte überdeckt; männliche Genitalien sind nicht existent, es sei denn in humoristischen Zusammenhängen (ein Mann spielt Bowling mit einer Reihe von Penissen und einer Kugel in Form eines Hodenpaares). Ein Ritter entkleidet sich, um Lenden zu enthüllen, die so marmorartig sind wie die auf Blakes ›Bright Day‹. Ein weiteres Paradoxon.

›New Society‹, 1971

Einer meiner Freunde, ein englischer Englischlehrer, hat einmal einem seiner japanischen Studenten folgende Frage gestellt: »Welche ist die wichtigste Eigenschaft, die Ihrer Vorstellung nach eine Ehefrau besitzen muß?« Der Student, ein junger Jurist, der an einer der besten Universitäten Japans studiert hatte, antwortete allen Ernstes: »Sklavische Unterwerfung. Alles andere, was ich brauche, kann ich von Hostessen bekommen.«

Ich habe kürzlich einen Kurort mit heißen Quellen in den Bergen in der Nähe von Tokio besucht, ein Ort, an dem Firmen ganze Hotels mieten, um ihre Angestellten während der jährlichen Betriebsausflüge unterzubringen. Die Stadt ist voll von Souvenirläden, Striptease-Shows und Schießbuden. Von diesen letzteren lagen die meisten verlassen da, eine jedoch war voll lachender, schreiender Männer. Bei näherem Hinsehen stellte sich heraus, daß die Ziele, auf die sie mit ihren Luftgewehren schossen, kleine Porzellanfiguren von hübschen nackten Frauen waren. Zerschoß man eine nackte Venus mit der Kugel, erhielt man als Preis ein großes, kuscheliges, weiches Spielzeug. Das schien mir eine passende Parabel für den Kampf der Geschlechter in Japan. Wirkliche Weiblichkeit ist ein Begriff, der abgelehnt wird, und im allgemeinen haben Frauen die Wahl, entweder Sklavinnen oder Spielzeug zu sein. Nicht lange nach dieser erhellenden Offenbarung befand ich mich selbst an der Frontlinie dieser Schlacht.

Die *mama-san* erklärte, sie habe ursprünglich vorgehabt, ihre fünfzehn ständigen Hostessen als besondere Attraktion während der Feiertage in farbenprächtige Nationaltrachten aus der ganzen Welt zu kleiden. Auf Grund eines Druckfehlers stand jedoch auf den Postkarten, die sie zur Ankündigung ihrer besonderen Attraktion in Auftrag gegeben hatte: »In der Vorweihnachtszeit werden Ihnen die Getränke von charmanten und attraktiven Hostessen ... aus der ganzen Welt serviert werden.« Also mußte sie sich aufmachen und eine Gruppe Ausländerinnen suchen, und sie hatte sich darauf eingestellt, sie beträchtlich über Tarif zu bezahlen, da sie diese sehr kurzfristig benötigte – 30000 Yen, etwa 35 £ Sterling für fünf Abende in Schichten von zweieinhalb Stunden.

»Das muß hier wohl das einzige Land sein, in dem es billiger ist, Frauen zu kaufen als zwei Inserate aufzugeben«, sagte Suzy, eine Freundin aus Long Island, die einmal als Hostess in einem Club gearbeitet hatte, wo ihr ein verliebter Kunde beim Gute-Nacht-Kuß so heftig in die Lippe gebissen hatte, daß das Blut durch den ganzen Raum spritzte. Ein andermal hatte sie in einem Club gearbeitet mit einem separaten Spielzimmer voller Flipper-Automaten, bei denen die Kugeln in aufgemalte weibliche Körperöffnungen gespielt wurden, und so weiter.

Unsere Bar hieß »Butterfly« und lag im teuersten und angeblich exklusivsten Viertel des Tokioter Nachtlebens, dem Ginza. Sie hatte etwa die Größe eines ausgedehnteren Apartments in Hampstead, und die Wände waren geschmackvoll, so wie man es eben verstand, mit beigen Pseudo-Holzpaneelen verkleidet, außerdem gab es zwei Kronleuchter, die an die Schichten einer Hochzeitstorte erinnerten. Eine Unmenge Lametta, ein origineller weißer Kunststoffchristbaum und Suzys und meine Anwesenheit verkündeten, daß die Feiertage vor der Tür standen. Einige der fünfzehn ständigen Hostessen hatte man tatsächlich mit leicht japanifizierten Saris, Sarongs und sonstigen exotischen Kleidungsstücken herausgeputzt – bis hin zu einem außergewöhnlichen Gewand aus türkisfarbenem Satin, ein Hemd, das gerade über das Hinterteil reichte und in Bauchhöhe eine Menge Schlitze aufwies. »Harem-Stil« nannte das die Trägerin.

Insgesamt waren die Hostessen eher plumpe Mädchen reiferen Alters, wie man sagt. Die *mama-san*, eine Kropftaube im Kimono, besaß die leicht entnervende professionelle Jovialität einer Frau, die noch nicht genug für das Alter auf die Seite gelegt hat – obwohl ihr Lokal dank der liebenswürdigen Unterstützung durch die japanische Regierung und ihr System der steuerlichen Absetzbarkeit von Spesen sehr gutes Geld abwarf.

In den meisten Bars kauft der Stammgast seine eigene Flasche, aus der er sich dann einschenken läßt. Da jedoch alle Getränke von Hostessen eingeschenkt werden (bis zu fünf Hostessen kann man manchmal an einem einzigen Tisch antreffen) und da auch alle Mädchen recht freizügig in der Bestellung von Extras sind – Erdnüsse, getrockneter Fisch, Schokolade und so weiter, – hat der Gast nicht die geringste Chance, die Höhe seiner Rechnung zu kalkulieren. Natürlich schließt sie ein großzügiges Trinkgeld für die Hostessen ein. In Japan ist es ohnehin ausgesprochen unhöflich, Fragen zu einer Rechnung zu stellen. Außerdem zahlt normalerweise die Firma. Aber wie dem auch sei, die Rechnung für einen Abend im »Butterfly« kann sich so auf £ 30 oder £ 40 belaufen – ein Abend unschuldiger Freuden mit getauftem Whisky und in der Gesellschaft entgegenkommender junger Frauen, die geübt sind in der Kunst schicklich geführter Konversation – ein letztes Überbleibsel der traditionellen Künste vielbegabter Geishas.

Aber natürlich haben die Hostessen nicht unbedingt zu reden, und bald werden sie es zweifellos überhaupt nicht mehr tun. Sie verkaufen nicht ihren Charme; und normalerweise verkaufen sie auch nicht ihren Körper. Wenn sie es tun, ist das eine rein private Abmachung; und da um jeden Preis der Schein gewahrt bleiben muß, daß sie *de facto* keine Prostituierten sind, erhalten sie auch selten ehrliche Barzahlung für ihre Leistung, sondern oft so etwas Nutzloses wie einen Kimono.

Es wäre sehr einfach, den Bauplan einer idealen Hostess zu entwerfen. Sollte die japanische Wirtschaft einmal einen neuen Impuls benötigen, könnte Sony daran denken, damit in Massenproduktion zu gehen. Der Konstruktionsentwurf müßte folgendes enthalten: große Brüste, um dem Kunden Trost und Erbauung zu spenden, eine geschickte, wohlmanikürte Hand zum Einschenken von Getränken, Anzünden von Zigaretten und gabelweisen Füttern mit entsprechenden Speisen, ein eingebautes Band mit fröhlichem Lachen, um die Illusion aufrecht zu erhalten, den Mädchen selbst würde das alles Spaß machen, und ein einziges, riesiges, besonders empfindsames Ohr, zu dem der Kunde sprechen kann.

Japan ist sicher das einzige Land der Welt, in dem der Mann leichten Herzens große Summen guten Geldes ausgibt, um zu erreichen, daß eine Frau ihm zuhört. Wahrscheinlich sind Sklavinnen keine guten Zuhörerinnen. Jedenfalls illustriert die Hostess – als computergesteuertes Playmate – einleuchtend die Tatsache, daß es in Japan zugeht wie überall, nur in verstärktem Maße; vielleicht entspricht sie ja wirklich der männlichen Vorstellung von der perfekten Frau.

Das »Butterfly« ist das typische Beispiel einer Bar, wie es zwei- oder dreitausend andere allein im Ginza gibt. Es ist ein durchaus anständiges Lokal, frequentiert von soliden Geschäftsleuten. Dazu gehören, wenn schon nicht Industriekapitäne, so doch zumindest leitende Angestellte und Wirtschaftsexperten. Keiner der zwanzig oder dreißig Männer, die im Laufe eines Abends die Bar besuchen, wird allein erscheinen, und keiner wird mit einer Frau kommen. Warum sollte ich, wird der Firmenangestellte fragen, mir die Mühe machen, Eulen nach Athen zu tragen?

Dabei ist ausgeprägte Sinnlichkeit in keiner Weise eine dominierende Qualität solcher Lokale. Die Atmosphäre hat merkwürdigerweise Ähnlichkeit mit englischen Autobusbetriebsausflügen, oder sogar mit der Art familiärer Silvesterparty, bei der der betrunkene Onkel den Hintern seiner Nichte betatscht. Diese dicklichen Angestellten würden wahrscheinlich auch Papierhüte aufsetzen mit Aufschriften wie »Küß mich« und »Ich bin Jungfrau-(Insulaner)«, wenn ein unternehmender Unternehmer die Runde durch die Bars machen würde, um sie zu verkaufen. »Ich bin ein schlimmer Junge«, gestehen sie verschämt. Und »er ist ein schlimmer Junge«, flüstern und kichern sie ihren Freundinnen zu, während unter dem Tisch eifrig gefummelt wird.

In der Wärme und Enge der Bar (die eigentlich eher der Rushhour in der U-Bahn entspricht) gibt der Japaner seine Ablehnung gegen heterosexuelle Berührung in der Öffentlichkeit auf. Die Hostess faßt an und wird freimütig angefaßt, wenngleich ihr Status einer austauschbaren Nicht-Person die sinnliche – oder eigentlich eher rein taktile – Nebenbedeutung dieser Berührungen weitgehend beiseite läßt. Dieser Prozeß der Entpersonifizierung bezieht sich ebenfalls auf den Kunden. Sowohl Kunde als auch Hostess sind eine austauschbare Ware. Die Hostess geht von einem Tisch zum anderen, so, wie neue Kunden kommen, läßt Drinks stehen, und Gespräche und Verführungsversuche unvollendet. Gebrauchte Gläser werden umgehend abgeräumt und die übrigen Aufmerksamkeiten sogleich einer der verbliebenen Hostessen übertragen. Wenn ein Kunde geht, bricht er abrupt jede entstandene Interaktion ab, als erinnerte er sich plötzlich daran, daß er das alles zu bezahlen habe. Ohne Vorwarnung erhebt er sich und macht sich nur selten die Mühe, seinen Hostessen höflich eine gute Nacht zu wünschen, nicht einmal, wenn ihn die Mädchen in schnatterndem Konvoi zur Tür begleiten oder den hilflos Betrunkenen zu einem wartenden Taxi schleppen.

Der Preis, den der Kunde über die Rechnung hinaus für derartige Auffrischungen seines männlichen Selbstwertgefühls zahlt, ist ein spürbarer Identitätsverlust im warmen Bad vorgetäuschter Zuwendung und Nachsicht, das die Hostessen ihm bereiten. Es ist schwer zu sagen, welches der beiden Geschlechter vom System mehr ausgebeutet wird; beide, Kunde und Hostess werden sich, so als wären sie auf diabolische Art Komplizen, glücklicherweise der existentiell zweifelhaften Natur der Interaktion nicht bewußt. Im Laufe des Abends kehrt der Kunde, gehätschelt, angehimmelt und mit Nachsicht behandelt, zu einer Art männlichen Ungehobeltseins zurück, das ausreichen würde, um aus einer Barbara Cartland eine Germaine Greer zu machen.

Beispielsweise gehen die Mädchen sogar so weit, ihre großen Kinder zu füttern. »Schön den Mund auf«, flöten sie, und hinein wandert eine Gabel mit rohem Schellfisch oder geräuchertem Fleisch. Ohne sich bewußt zu sein, in welchem Ausmaß er zum Säugling wird, kaut der Kunde voller Befriedigung. Inzwischen greift die *mama-san* persönlich mit einer Silberzange Eis aus einem kristallenen Eisbehälter und läßt es mit einer Geste (unter den gegebenen Umständen) grotesken Raffinements in die Drinks ihrer Kunden fallen. Für die Dauer der »Kampfhandlungen« kann eine Hostess schwerlich behaupten, ihre Brüste gehörten ihr.

Anzüglichkeiten, schlüpfrige Bemerkungen und unablässige Anspielungen auf sexuellen Verkehr und Phallusdimensionen schüren beständig eine flammende Fröhlichkeit, die sich gelegentlich in einem Lachen Ausdruck verschafft, das wie das leere, hysterische Gelächter der Verdammten klingt.

In diesen Bars stellt man Kaukasierinnen ein als exotische Extras, vergleichbar einer Art Varieté. Eine Negerin wäre sicher noch viel exotischer und könnte für eine derartige Tätigkeit wahrscheinlich jeden beliebigen Preis verlangen. Bei dem Kunden tritt eine merkwürdige Doppelmoral zutage: Ein Mann, der gerade von einer Japanerin Feuer für seine Zigarette bekommen hat, zieht sein eigenes Feuerzeug hervor, um einer ausländischen Hostess Feuer zu geben. Ausländische Mädchen erhalten auch einen höheren Lohn und sind sehr viel mobiler in ihren Jobs, da sie andere Vorstellungen von der Art eines Arbeitsverhältnisses haben. Diese Dinge rufen bei den japanischen Mädchen offenkundige Feindseligkeit gegenüber der fremden Konkurrenz hervor, besonders wenn die Ausländerinnen Streiks für höhere Löhne inszenieren und Proteste gegen die sie umgebenden Schlüpfrigkeiten. Ein Mädchen, dessen Lebensunterhalt von Hostessen-Bars abhängt, kann sich einen Streik um ihrer Selbstachtung willen einfach nicht leisten.

Die japanische Hostess ist gefangen in einer unbarmherzigen Dialektik. Abgesehen von den wenigen, die den Beruf der Hostess – vielleicht mit ein wenig Prostitution nebenbei – als Weg betrachten, der sie eines schönen Tages zu einer eigenen Bar mit einer eigenen Schar von Hostessen führt, arbeiten die meisten dieser Mädchen nachts in den Bars, um das monatliche Gehalt aus einem Tagesjob, das nicht einmal das Existenzminimum abdeckt, aufzubessern. Die Hostess, arme Butterfly, verkauft ihre Jugend und Zeit und Energie zu einem sehr geringen Preis an Leute, die es sich nicht leisten könnten, sie von ihrem eigenen Gehalt zu bezahlen. Sie stellen sie normalerweise einer Firma in Rechnung, die es ablehnen würde, ihr genug zum Leben zu zahlen, stünde sie auf der offiziellen Lohnliste. Das sind die Doppeldeutigkeiten des hochentwickelten Kapitalismus.

Dennoch ist auch die gegenwärtige Position einer ausländischen Hostess als soziales Phänomen recht doppeldeutig. Wir sind gehalten, die englischen Sprachkenntnisse der Kunden zu fördern im Sinne eines geschickten, kulturübergreifenden Drahtseilaktes. Das folgende Gespräch gebe ich wörtlich wieder:

Kunde: Ich werde Ihnen für Ihren Aufenthalt in Japan eine Unterkunft zur Verfügung stellen.

Hostess: Wollen Sie mir ein Haus kaufen?

Kunde: Nur wenn Sie es dreimal pro Nacht machen. (Stürme heiteren Beifalls vom Rest des Tisches, an dem drei Geschäftsleute und vier Hostessen sitzen.)

Hostess: Wird Platz für meine Kinder sein? (Begeisterungsschreie über soviel Witz.)

Kunde: Ich will meine Bequemlichkeit haben. (Hört, hört.) (Alle riefen das japanische Wort für »Touché!«)

Hostess: Ich meine die Kinder, die ich schon habe. (Hurraschreie. *Bis! Bis!)*

Kunde: Wieviele Kinder?

Hostess: Elf. Dann ist da noch meine Mutter, mein Vater, meine zwei Schwestern, mein Bruder, meine Tante und mein Ehemann, ein riesiger und unbesiegbarer *sumo*-Ringer ...

An diesem Punkt sagte der Kunde zu seinen Freunden: »Laßt uns in die nächste Bar gehen.« Das taten sie dann auch, etwas überstürzt. Die *mama-san* war ein wenig verärgert und meinte, wir ausländischen Mädchen sollten uns mehr lady-like benehmen – was soviel bedeutet wie mehr lachen und weniger schnippische Antworten geben. Sie selbst lachte fast die ganze Zeit, selbst wenn nichts Lustiges passierte.

Der englische Wortschatz eines Kunden war auf ein einziges Wort beschränkt, nämlich »Masturbation«, das er sehr häufig und mit besonderem Vergnügen aussprach. Ein anderer murmelte gedankenverloren den Begriff »Geschlechtsverkehr« vor sich hin, immer und immer wieder. Suzy behauptete, sie hätte einen Mann beobachtet, der die Anzeichen eines Orgasmus unterdrückte, während ein anderer recht überraschend nach meinen Schenkeln griff und dann verkündete: »Ich will dich heute nacht.« Es hat keinen Sinn, sich wutentbrannt zu diesen armen Schluckern umzudrehen und sie anzuschreien: »Wofür halten Sie mich eigentlich? Für eine Prostituierte?« Sie *wissen*, daß du keine Prostituierte bist. »Ohne Bezahlung natürlich«, fügte er kategorisch hinzu.

Nachdem wir am ersten Abend unsere Arbeit beendet hatten, spazierten Suzy und ich durch die Gegend und sahen uns den Laden an der nächsten Ecke an, der »Spielzeug für Erwachsene« anpries und rund um die Uhr geöffnet war. Auf dem Weg dorthin kamen wir an einem traurigen Transvestiten im Kimono vorbei, der sich die Hände an einer gebackenen Süßkartoffel wärmte, die er von einem Straßenhändler mit einem Karren voll glühender Holzkohle gekauft hatte. Wir kamen an einem Tea-Room vorüber, der für die Anwesenheit aufregender Häschen aus der Neuen Welt warb. Es war Nacht in der aufregendsten Stadt der Welt.

Der Erwachsenenspielzeug-Laden führte eine hervorragende Sammlung von Peitschen, einige ledergefertigte Keuschheitsgürtel, die verschiedensten Arten elektronisch betriebener Dildos, eine Vielfalt von Büchern und Schallplatten, unter denen sich eine mit dem Titel ›Fornicating Female Freaks‹ befand; sie bot den Originalton »einer Gruppe hemmungsloser Lesbierinnen beim bisexuellen Verkehr«, importiert aus Amerika, und vieles mehr. Der Verkäufer zeigte uns einen fetten Fisch aus Schaumgummi. Beim Betätigen eines Schalters leuchtete am Kopf des Fisches ein rotes Licht auf, und die ganze teuflische Apparatur begann, konvulsiv zu beben. Mit beneidenswert ausdruckslosem Gesicht erklärte der Verkäufer: »Ein Masturbationsgerät für Herren.«

Diese Funktion hatten Suzy und ich in den vorangegangenen zweieinhalb Stunden wohl auch ausgeübt.

›New Society‹, 1972

Als ich zurückkam, sah ich England mit ganz anderen Augen.

In meiner Grundschule in Balham, im Süden von London, feierte man jedes Jahr im Juni ein Fest, das in der Umgebung als »Tag des Empire« bekannt war. Da es das England eines Clement Attlee war, trug die Direktorin und Regisseurin dieses Unternehmens, eine gewisse Miß Cox, stets pastellfarbene Satinkleider im Stil der Queen Mary, oft mit Perlstickereien am Vorderteil; sie machte einen Pro-forma-Versuch, das Fest in »Commonwealth Day« umzubenennen, doch da sie sich die ganze Geschichte irgendwann in den zwanziger Jahren ausgedacht hatte und das Fest inzwischen Teil der Geschichte des Viertels geworden war, blieb ihm der alte Name erhalten. (Sie begab sich 1951 in den Ruhestand, im Jahr des Festival of Britain, meinem letzten Jahr auf der Grundschule).

»Empire Day«, das war eine seltsame Mischung verschiedener Themen. Ein Mädchen aus der obersten Klasse, der Klasse der Elfjährigen, gewöhnlich die blondeste, wurde als Rosenkönigin hergerichtet; sie trug ein weißes Hemd, das über und über mit weichen Papierrosenblättern besteckt war, und eine Krone aus Stoffrosen. Es gab Volkstänze und Kinder in nationalen Trachten, wie z.B. Kilts, spitzen Hüten und Kopftüchern, die die Fahnen Schottlands, Wales' und Ulsters schwangen. (Oh, diese rote Hand!) Auf dem asphaltierten Schulhof sangen wir Lieder wie ›Rose of England‹, ›There'll always be an England‹ und so weiter. Es gab auch einen Maibaum. Die Kleinen, die Fünf- und Sechsjährigen, stellten sich in einer Reihe auf, und jede hielt eine Karte, aus denen sich dann das Losungswort der Schule zusammensetzte, das sich, glaube ich, Miß Cox selbst ausgedacht hatte; es war aus Kants kategorischem Imperativ abgeleitet und lautete: »Tu das Rechte, weil es das Rechte ist«.

Die seltsame Unschuld dieser Feiern ist zum Glück unwiderruflich.

Die folgenden Aufsätze erforschen den Begriff des englischen Wesens, verschiedene Mythen vom Englischsein und deren Erscheinungsform in verschiedenen Teilen des Landes.

Dem Leser wird eine gewisse regionale Voreingenommenheit nicht entgehen.

Industrie als Kunstwerk

Manchmal kommt einem Bradford überhaupt nicht wie eine englische Stadt vor, da sie (allem Anschein nach) im wesentlichen bewohnt ist von Figuren aus der Gorki-Trilogie, alle mit zwischen den Schultern eingezogenem Kopf in unförmigen Mänteln – die Männer in Schal und Mütze, die Frauen in Stiefeln und Kopftüchern. Es überrascht einen nicht, zu hören, wieviel Polnisch gesprochen wird und zu sehen, wieviel Wodka in den Schaufenstern der Spirituosenhandlungen neben britischem Sherry, Brown Ale und »Dandelion-and-Burdock« zu finden ist. Andrerseits könnte es auch eine Stadt in einer Zeitmaschine sein. Die Niedrigen, steil hintereinandergeschichteten Häuserreihen, in denen die Straßenlaternen nachts ein böses, zitronenfarbiges Licht absondern, das die umgebende Dunkelheit eher verstärkt als vermindert, und die hier und da von Fabrikschornsteinen unterbrochene Silhouette schaffen ein so eindeutiges Bild einer typischen viktorianischen Industriestadt, daß alles wie eine Parodie scheint, in der das öffentliche Denkmalswesen sich geradezu überschlägt.

Wie monströse *genii loci* posieren Versteinerungen gestrenger Industrieller auf Plätzen und Fahrbahninseln. Sie halten technische Geräte hoch oder sind damit beschäftigt, weinende Waisenkinder zu trösten. Aber einer Monumentalstatue, die einen Mann in voller Montur der hochviktorianischen Ära mit Uhrkette und allem Zubehör zeigt, der eine Hand à la Napoleon in die Weste geschoben hat und mit der anderen die Massen vermutlich zu immer größerer Produktivität antreibt, wohnt etwas Lächerliches inne.

Derselbe Gedanke, nämlich dem Kommerz einen aristokratischen Anstrich zu verleihen, hat wohl auch dazu geführt, daß man den neugotischen Baustil bevorzugte, der augenblicklich jene berühmte »Erhabenheit« schafft, für die Bradford bekannt ist. Die Woll-Börse gibt vor, eine weit eindrucksvollere Kathedrale zu sein als die Kathedrale selbst, und auch die meisten anderen öffentlichen Gebäude versuchen, ihren eigentlichen Zweck in ihrem Äußeren zu transzendieren und werden auf diese Weise zu echten Tempeln des Mammons. Kurioserweise ist aber das Stadtmuseum in einem Herrschaftshaus untergebracht, das eine andere Art von *Grandeur* nachahmt; das Haus und der Garten, der es umgibt, entsprechen ganz dem Hotel und dem Park in ›Letztes Jahr in Marienbad‹; ein nostalgischer Kulturpalast, den man in einen romantischen Park gestellt hat. Das Gebäude wird bewacht von Diana, der Göttin der Jagd. Das Ganze ist nichtssagend-anmutig, auf enervierende Weise aus dem Zusammenhang gerissen und zeigt vermutlich den Stellenwert, den die Kunst dieser Stadt hat. Die Fabriken dagegen – vielleicht reflektieren sie eine aufrichtigere Einstellung zum »schnöden Mammon« – sind in geradezu heroischen Dimensionen erbaut.

Ihre Schlote sind monumental in Größe und Form, wie riesige Triumphsäulen oder Verzierungen von Reiterstandbildern aus dem Reich der Riesen. An manchen Tagen des nordischen Winters bringt die Sonne die ganze verschmutzte Atmosphäre zum Leuchten, und die bis dahin ausgesprochen dunklen, teuflischen Fabriken nehmen einen post-apokalyptischen, an die mystischen Bilder William Blakes erinnernden strahlenden Glanz an, so als wäre das Neue Jerusalem endlich gekommen; und der Himmel darüber hat die Farbe reifer Aprikosen. Rotgelber Dunst hüllt die umliegende Moorlandschaft ein, die man auch aus den ärmlichsten Straßen noch sieht. An einem solchen Morgen kann man die Schönheit dieses Anblicks kaum leugnen.

Schnee dagegen hebt die eigentlichen Farben der Stadt hervor. Denn hier ist alles von feinem Ruß überzogen, der die eklektische Architektur der Stadt in einem Maße vereinheitlicht, daß sich jene öffentlichen Gebäude, die man mit dem Sandstrahlgebläse gescheuert hat, bis sich die ursprüngliche Farbe des Steins wieder zeigte, unwohl zu fühlen scheinen, so als gehörten sie nicht mehr hierher, wie die Söhne von Fabrikarbeitern, die nach Oxford gegangen sind. Doch wenn der Ruß auch monochrom malt, schafft er doch keine eintönige Landschaft. Gerade in Bradford kann man eine unendlich vielfältige Palette von Schwarztönen kennenlernen, vom tiefsten, undurchdringlichen Schwarz bis hin zum blassesten und subtilsten, durch ein ganzes Spektrum hindurch – Braunschwarz, Grünschwarz, Gelbschwarz und ein behagliches Rotschwarz. Die Luft, in der man oft die Kälte gefrierenden Metalls spürt, ist voll vom süßlichen Geruch der Kohle. Sogar der Rotz ist schwarz.

Das Wetter ist tierisch. Es hat das stoische Wesen der Bewohner und vielleicht auch ihre Küche geprägt; sie ist reich an wärmespendenden Fetten und Kohlehydraten – in der Tat so fetthaltig, daß hartnäckige lokale Gerüchte behaupten, die Bradford Royal Infirmary müsse ständig Blutkonserven wegen überhöhten Fettgehalts wegwerfen.

Fisch und Chips; Pasteten mit einem Löffel voll blasser gequollener Trockenerbsen, die in einer grauen Soße herumschwimmen; das wohlduftende Sortiment der Yorkshire-Wurstwaren; Haslet (ein Gericht aus Innereien); Würstchen; Tomatenwurst; Blutwurst; vor allem aber Schweinebraten, Schweinsfüße, Schweinskopf, Schweineschmalz und Bratenfett, kurz jede Art der Zubereitung von Schweinefleisch, die sich die Phantasie nur ausdenken, das Herz nur wünschen kann, denn das saftige Schwein kommt der angeborenen Sparsamkeit seiner Freunde in Bradford schon dadurch entgegen, als alles an ihm verwendbar ist.

Diese ganze mächtige Stadtlandschaft voller seltsamer und ungewöhnlicher Harmonien verführt das Auge des Besuchers aus dem Süden. Ohne weiteres vergißt man, daß Leute wie Lewis Mumford eine Stadt wie Bradford noch vor dreißig Jahren eine »leblose Industriestadt« genannt hätten. Das Bradford, in dem 1894 J. B. Priestley geboren wurde, war eine gute Heimat, solange man sicher sein konnte, daß sie weit, weit entfernt bleib; im Nachkriegs-Bradford eines John Braine spielen lediglich die wohlhabenden Teile der Stadt eine Rolle, die man auch sonst überall in England finden kann. Aber heute fällt es nicht schwer, die Stadt ganz bezaubernd zu finden.

Zum Teil ist es wegen seiner Fremdheit bezaubernd; die Anwesenheit so vieler Pakistani schafft nicht so sehr die Atmosphäre des Schmelztiegels – zur Zeit halten sich die unvereinbaren ethnischen Elemente vielmehr in einem unbequemen Gleichgewicht – sondern fügt eine weitere Dimension des Bemerkenswerten hinzu. Überall findet man Aufschriften in Urdu; junge Mädchen mit Anoraks über Satinhosen; gestickte Westen; fremdartige Kochutensilien in den Haushaltswarengeschäften; Kinos, die sogar Namen in Urdu tragen. Jeden Sonntagnachmittag verbringt der Mann von nebenan etwa drei bis vier Stunden damit, auf einem unbeschreiblich exotischen Musikinstrument zu üben, das klingt, als habe es nur eine einzige Saite. Immer begleitet er sich selbst mit Gesang und verleiht so mit diesem asiatischen Klagelied dem Klagen der Brontë-Winde aus den Mooren einen leidenschaftlichen Kontrapunkt.

Aber hätte ich all dies dreißig Jahre früher auch schon bezaubernd gefunden? Oder hätte ich darunter gelitten, daß menschliche Lebewesen gezwungen sind, unter diesen Bedingungen zu leben und zu arbeiten, Bedingungen, die mich an die Arbeiter in Langs ›Metropolis‹ hätten erinnern können? Hätte ich, ungewollt, doch eine gewisse Anziehungskraft in der Szene entdeckt, so hätte ich sie wahrscheinlich als dieselbe Mischung aus Anziehung und Abstoßung erfahren, wie sie die Intellektuellen des ausgehenden neunzehnten Jahrhunderts bei Horrorspektakeln empfanden. So wie sich die unangenehme Ästhetik des Grauens zur Lustempfindung verwandelte und Teil jener erweiterten Sensibilität wurde, die zur Entdeckung des Sublimen notwendig ist, erlebten ja auch die Schrecken des Arbeitermilieus, die viktorianisch-gotische Architektur, der ganze Schrott, den wir heute zu den Schätzen der industriellen Archäologie zählen, vor zwanzig Jahren, wenn nicht schon früher ihre Verwandlung ins Pittoreske.

Heute ist er auf dem Weg, zu einem neuen Typus des Schönen zu werden, wenn wir auch noch keinen passenden Namen dafür gefunden haben. Sichtbar gemacht wurde dieser Typus des Schönen erstmalig bewußt in den britischen Filmen der späten fünfziger Jahre, in denen es viele endlose, kunstvolle Einstellungen mit Gaswerken, die sich im Wasser von Kanälen spiegeln, und Fördertürmen, hinter denen Sturmwolken aufziehen, gab.

Vor hundert Jahren fand Daumier derartige Panoramen absolut abscheulich; vor vierzig Jahren konnte George Orwell nichts als bittere Verzweiflung in diesen, von entsetzlicher Armut stigmatisierten städtischen Landschaften entdecken. Auch heute noch sind sie wahrscheinlich nur für einen romantisch-intellektuellen Bourgeois verführerisch, der sie mit den unbefangenen Augen desjenigen betrachtet, der nicht in einer Arbeitersiedlung geboren und aufgewachsen ist. Oder für jemanden, der Hogarth besonders liebt. (Meine eigene Reaktion auf Bradford enthält wahrscheinlich Elemente von beidem. Hinzu kommen die Erinnerungen aus meiner frühen Kindheit im südlicheren Yorkshire, das wirklich eher an Tolkiens Mordor erinnert als irgendeine andere Gegend.) Andererseits ist die Geschichte des Geschmacks wahrscheinlich ohnehin nur die Geschichte jener obskuren und möglicherweise perversen Vorlieben des romantischen intellektuellen Bourgeois, die so lange durch die Massenmedien heruntergefiltert werden, bis schließlich jeder weiß, was er zu mögen hat. Alles in allem erfreute sich nur eine Handvoll von Exzentrikern der Berge, bis Wordsworth mit seinen Gedichten daherkam.

Ich habe oft das Gefühl, daß die Manningham-Werke für mich und meine Generation etwa das sind, was für Wordsworth die Alpen gewesen sind.

Bradford besitzt die Tugenden eines allumfassenden Milieus, in dem Arbeit und Leben Seite an Seite einhergehen, und die hügeligen Straßen, die den (wirklich) majestätischen Konturen der nahen Hügel folgen, stellen eine Art organischer Verbindung zu jener Landschaft her, in der das zufällige Zusammentreffen der natürlichen Elemente Wolle und Wasser die Stadt vor Zeiten hervorgebracht hat. Es ist keine hübsche Stadt wie etwa das nahegelegene Leeds. Bradford trägt seine Wohlhabenheit nicht mit einem so bewußten, ausgesprochenen Stolz vor sich her. Es ist häuslicher, bodenständiger. Der Kontrast zwischen der glanzvollen Fassade und der erbärmlichen Rückseite ist nicht annähernd so ausgeprägt. Es ist auch viel älter als Leeds. Manchmal wirkt es fast mittelalterlich mit seinen windigen, gewundenen Straßen. Es ist eine Stadt mit so markant individuellem Flair, daß es eines Tages vielleicht doch noch das Florenz des Nordens genannt werden wird, wenn es auch bis dahin noch einer erdrutschartigen ästhetischen Wende bedarf. Die Schönheit von Bradford wird allerdings nur dann von allen erkannt werden, wenn es dem Schicksal entrinnt, eine unserer endlosen Vorortstädte zu werden. Wenn ihm das gelingt, werden wir vielleicht eines Tages bei seinem Anblick zu einem Bewußtsein der vielen visuellen Freuden erwachen, die wir schon eingebüßt haben.

›New Society‹, 1970

Bath, ererbte Stadt

Ein Stückchen entfernt von den Felsen von Bath, die an deutlich sichtbarer Stelle keine fünfzig Meter von der Öffnung zur Unterwelt liegen, wo die heißen Quellen aus dem Erdinneren hervorsprudeln, trifft man auf den Holzbänken vor der Abtei gewöhnlich einen oder zwei der örtlichen Alkoholiker. An warmen Sommernachmittagen kommen sie in großen Mengen heraus, als wollten sie die Touristen darüber aufklären, daß diese Stadt außer architektonischen Werten auch andere nationale Sehenswürdigkeiten zu bieten habe. Einige von ihnen sind recht jung, einer oder zwei sogar sehr jung, und vielleicht hat nicht das Saufen ihr Hirn ausgebrannt, sondern Drogen; der Unterschied ist ohnehin nicht mehr festzustellen.

Jock will tanzen, und sein Kumpel versucht, dazu die Konzertina zu spielen. Ich erinnere mich an einen schwachsinnigen Jungen, der immer wieder eine Cider-Flasche gegen die Bank schlug und dazu ein tonloses Lied mit dem Refrain »Ich bin ein Engel« sang. Die wohlanständigen Skandinavier und Franzosen – wir haben nur Touristen der gehobenen Klasse – ignorieren das natürlich.

Einmal sah ich einen Mann, der sich im Inneren der Abteikirche ausgiebig erbrach, inmitten von Gedenktafeln für Soldaten und Seeleute, die in großer Zahl gekommen zu sein schienen, um ausgerechnet hier zu sterben. Bath ist blaugesprenkelt mit Schildern, die besagen: Hier hat sich Wordsworth aufgehalten, hier hat sich Southey aufgehalten, hier hat sich Jane Austen aufgehalten. Beinahe jeder war einmal für ein Wochenende hier, aber Malthus liegt tatsächlich hier begraben. Mein Lieblingsschild hängt in der Brock Street. »Hier wohnte John Christopher Smith (1712–1745), Händels Freund und Sekretär.« Welche zurückhaltende englische Bescheidenheit! Warum sagt man nicht klipp und klar: »Er war ein schmeichlerischer Arschkriecher.«

An der Abteifassade klettern Engel die Leiter zu Gott hinauf; es wirkt wie eine etwas verrückte Disney-Szene. Die Palladianer, die Bath zu dem gemacht haben, was es heute ist, haben sonst fast alles niedergerissen; die Fassade der Abtei haben sie wohl stehen lassen, weil sie so anmutig ist. Anmut, die englische Krankheit; Anmut, die Maske des Wahnsinns? Der zartknochige, blauäugige, typisch englische Irrsinn. Fremde, die beides gleichzeitig sehen, die Anmut und den Wahnsinn, neigen dazu, die Mischung als Heuchelei zu bezeichnen. Ein japanischer Freund hat einmal gesagt: »Wenn ich ein blaues Augenpaar sehe, denke ich an den Opium-Krieg.«

In Bath gibt es viel von diesem zartknochigen, blauäugigen Wahnsinn, er gehört ebenso zum Charme der Stadt wie die Bevölkerung mit ihrem überdurchschnittlich hohen Anteil an Okkultisten, Neoplatonikern, Yogis, Theosophen, kleinen, alten Damen, die spirituelle Dialoge mit roten Indianersquaws führen, religiösen Fanatikern, verblödeten Alten, Bioaposteln, Makrobiotikern,

Leuten, die Duftkerzen herstellen, Drachen steigen lassen und an Märchen glauben.

Die Lansdowne Road herunter kommt ein blauäugiges, arisches, ziemlich großes, in farbenfrohe Tücher gekleidetes Paar, behängt mit aneinanderklingelnden Kruzifixen. Der junge Mann trägt eine aufgeschlagene Bibel vor sich her, aus der er mit Stentorstimme die traurigsten Weissagungen aus dem Alten Testament deklamiert. Vorbei am Hedgemead Park, beliebter Treffpunkt der lokalen Exhibitionisten, die das Wort des Herrn verbreiten. Vorbei an Steves Tätowieratelier. Wenn man will, tätowiert einem Steve eine hübsche Pietà auf den Rücken, und in seinem Schaufenster steht ein Heftchen mit dem Titel ›Der Fall Babylons‹, Radikal-traditionalistisches Heft Nr. 2, »eine tröstliche Botschaft an die Bürger späterer Zeiten in dieser großartigen Stadt«. Die Wanderprediger umringen den westindischen Lebensmittelhändler, der gerade dabei ist, Süßkartoffeln in seinen fahrbaren Laden zu verfrachten, und der selbst Mitglied der Kirche des Neuen Testaments Gottes ist; sie rufen »Halleluja!« und verschwinden im Herzen des guten alten Bath. Niemand dreht sich nach ihnen um. Es gibt schon zu viel zartknochigen, blauäugigen englischen Wahnsinn hier, als daß noch jemand eine Miene verziehen würde.

Erbaut in einer runden Mulde, umgeben von einem Kranz von Hügeln, verleitet der nabelähnliche Standort von Bath geradezu zu Introspektion, Meditation, Verinnerlichung und zu massiver Trägheit. Mancher von uns verschwindet schlichtweg in seinem eigenen Nabel und taucht tatsächlich nie wieder auf. Berühmte Verrückte haben hier gelebt – William Beckford, der jähzornige Captain Thickness, verewigt in jenem Denkmal zu Ehren der englischen Krankheit, in Edith Sitwells ›English Eccentrics‹. Die Angelsachsen hatten hier nicht leben wollen, sie glaubten, es sei ein verwunschener Ort. Sie selbst waren zu ungeschickt und primitiv, um in Stein zu bauen, sie dachten daher, nur Riesen oder Dämonen könnten so etwas zuwege bringen, und hielten sich von den römischen Ruinen fern. Es gibt da ein altenglisches Gedicht, das ihre abergläubische Angst vor diesem Ort beschreibt.

Einige der Denkmalschutzgegner und sogar ein paar

von den Stadtvätern scheinen dieselbe panische Angst zu empfinden, als sei dieses Meisterstück der Planung mit Hilfe unheiliger Mächte entstanden und stelle daher eine fürchterliche Bedrohung für uns gestrafte Wesen dar. Am besten überläßt man diesen alten Ort in aller Ruhe dem Verfall. Das ist nichts für uns. Natürlich ist Bath ein Meisterstück der Städteplanung. Wie die Alternativen einander über ihrem Glas Cider zuflüstern, wo immer man wohnt, es sind nicht mehr als zehn Minuten zu Fuß zum Sozialamt; abgesehen von all diesen rein praktischen Annehmlichkeiten besitzt die georgianische Stadt den theatralischen Glanz, die vergeistigte Zweidimensionalität einer Traumstadt.

Sie ist überspannt von phantastischen Himmeln, die an die Himmel erinnern, unter denen sich in John Cowper Powys Romanen blauäugige Wahnsinnige vergnügen, ebenso wie Okkultisten und Neoplatoniker. Und manchmal verleiht der leuchtende, frühabendliche Himmel dem Dunstschleier, durch den stets die Kirchtürme im Tal blicken, ein goldenes Strahlen. Die Terrassen, die sich in so kunstvoller Asymmetrie über die Hänge der Hügel dahinziehen, wirken dann verlassen. Die herrlichen Bäume in dieser Stadt sind so gewaltig, daß man glaubt, sie seien schon vor den Häusern dagewesen und würden diese auch überdauern. Das wunderbare, Halluzinationen hervorrufende Bath besitzt beinahe die Qualität konkretisierter Erinnerung. Seine Schönheit ist auf seltsame Weise distanziert, und am schönsten ist es in der Erinnerung; so ist das immer mit der Sehnsucht nach professioneller Schönheit, wie das Beispiel der unglücklichen Marilyn Monroe zeigt, die niemand um ihrer selbst willen begehrt hat, mit der aber jeder geschlafen haben wollte.

Vor dem Landsdown Crescent, diesem enormen knochenweißen Gebäude, das wohl als perfekte Lösung für den Wunsch der englischen Mittelklasse anzusehen ist, in einem Stadthaus mitten auf dem Land zu leben, grast ein Pferd auf einem leicht abfallenden Wiesenhügel. Es herrscht eine so friedliche Stille, daß man seine Zähne mahlen hören kann. Und all die gebieterischen Kastanien in den Senken. Von diesem Hügel her breitet sich die gesamte Stadt vor uns aus, als wäre sie ein wundervolles

Spielzeug für die sehr Reichen, die noch immer in großer Zahl hier leben, Leute von Rang und Namen, Geschmack und Vermögen. Bath erfreut sich eines neuen Aufschwungs. Eine so kultivierte Stadt zum Leben. In einem grünen Chaos von Brachland und verlassenen Schrebergärten tummeln sich munter balgend junge Füchse. Das goldene Licht wirft sanfte, malvenfarbene Schatten.

Dieses goldene Licht, dieses Licht reiner Nostalgie, verleiht den Jungen, die in ihren bunten Tricots nach dem Tee vor dem Royal Crescent Fußball spielen, das Aussehen von Rousseaus Fußballspielern, eingefangen im Bernstein des immerwährenden Sonntagnachmittags dieses Künstlers. Der Ton der Kinderstimmen trägt sein eigenes Verklingen schon in sich als wehmütige Erinnerung. Nostalgie ist Teil der Ästhetik, ist die süße, unentrinnbare Rache der Zeit.

Aus diesen lastenden Formen der Stille, wie man sie in Bath findet, formen Engländer Intimität.

Die Nutzlosigkeit der Stadt trägt gleichermaßen zu ihrem Charme und zu der Schmerzlichkeit bei, die wiederum Teil ihres Charmes ist. Sie wurde nicht als Ausdruck der Überlegenheit oder Macht einer bestimmten Familie oder einer bestimmten Region errichtet. Sie besaß auch keine Industrie von größerer Bedeutung im achtzehnten Jahrhundert, mit Ausnahme des Fremdenverkehrs. Die Herren, deren Geschmack diese Stadt bei ihrer Erbauung (vermutlich) entsprechen sollte, hatten an Arbeit als solcher keinerlei Interesse, lediglich an den Profiten aus einer Arbeit, die möglichst weit von den Stätten ihres Vergnügens entfernt stattfinden sollte. Bath ist erbaut worden, damit man dort glücklich ist, Beweis genug für seine Unschuld und seine unauslöschliche Melancholie.

Die jüngeren und älteren Woods haben den Circus und das Royal Crescent, diese monumentalen Beispiele heimischen Stils, die olympische Apotheose terrassenförmig angeordneter Bauten, nicht einmal zur Verherrlichung ihrer selbst errichtet, wie es wohl ein Architekt der Renaissance getan hätte. Sie und Baldwin und Palmer und Finch und Eveleigh und Goodrich und so weiter haben ihre Entwürfe gemacht, um den Geschmack einer bestimmten Klasse sichtbar zu machen und ihn gleichzeitig auch entwickeln zu helfen; einen Geschmack, der sich durch die dominierende Position dieser Klasse als »guter Geschmack« würde institutionalisieren lassen. Die Darstellung und Verkörperung dieses Geschmacks war zugleich die Demonstration einer stark erweiterten ökonomischen Macht der stark erweiterten oberen Mittelschicht. Für das Grundkonzept jedoch war das in einem gewissen Sinn nebensächlich. Nur verrückte Reiche wie Beckford zogen dorthin, um ihre spektakuläre Verschwendungssucht und vulgäre Selbstdarstellung zu demonstrieren.

Ordnung, Raum und Harmonie sind das, was Mumford olympische Qualitäten nennt. Ein Wohnort für den Herrn, der zugleich das Dienstleistungsgewerbe beherbergen konnte, die für seine eleganten, kultivierten Vergnügungen erforderlich waren. Dieser Luxus bestand im wesentlichen nicht aus den derben Vergnügungen der Sauferei und Hurerei, sondern den subtileren Ausschweifungen des Dandytums, das heißt einem ausgeklügelten Narzißmus und dem Glücksspiel. Diese Tätigkeit hatte zumindest eine grundlegende Funktion, nämlich das Geld, jedenfalls vorübergehend, seines Marktwertes zu berauben und es zum Spielgegenstand zu machen. Dieser Herr liebte den steifen, gekünstelten Gesellschaftstanz unter dem gestrengen Auge von Beau Nash, sicherlich eines der langweiligsten Männer, die je gelebt haben, langweilig und totalitär; ein wahrer Stalin des guten Geschmacks.

Die engen, wirren Gassen der mittelalterlichen Stadt paßten nicht zu diesen Bedürfnissen eines Gentleman, wenngleich er gern eine oder zwei davon bewahrt wissen wollte wegen ihres pittoresken Charmes. Nein. Er liebte es zu sehr, in einem zweirädrigen Sportwagen zu fahren, wohin er Lust hatte, hoch über dem Mob, der in dem Morast herumkroch, den seine Räder aufgerührt hatten. Deshalb bevorzugte er breite Boulevards. Poultney Street ist die vollkommene neoklassizistische Straße. Zu Fuß verliert der Weg zu dem zweidimensionalen Fluchtpunkt, dem heutigen Holbourne- und Menstrie-Museum, einem verblüffenden Beispiel des architektonischen *Trompe l'oeil*, bald jeglichen Reiz. Die breite Straße, flach wie ein Pfannkuchen, in der die Haustüren an einem vorüberziehen mit der mürrischen Gleichförmigkeit von Telegraphenmasten. Hier sollte man nicht verweilen. Andrerseits aber fährt ein Auto viel zu schnell. Die wundervollen Fassaden huschen in einem einzigen Augenblick an einem vorbei, kaum daß das Auge sie überhaupt wahrnehmen kann. In einer Pferdekutsche dagegen gleiten die Doppelhäuser an einem vorüber wie die sich im Hintergrund verlierende hervorragende Projektion einer Städteansicht, derer man sich in angemessener Form aus der Ferne erfreut und die bald – jedoch nicht *zu* bald – hinter dem Betrachter zurückbleibt.

Die lichte und heitere Architektur dieser Stadt konfrontiert mich mit einem Englischsein, das ich abzulehnen versuche, indem ich mich auf meine schottische Abstammung berufe. Einem Schotten gebe ich noch immer einen Schilling, wenn er mich anbettelt.

Bath mit seiner romantischen, ungeordneten Lieblichkeit ist nicht mehr die Stadt, die die Woods erbaut haben; zwei Jahrhunderte Geschmacksgeschichte haben die steifen Umrisse seiner rationalen Harmonie modifiziert, und das Erscheinungsbild hat sich hierdurch sehr viel stärker verändert als durch die Zeit selbst. Die subjektive Form der Wahrnehmung der Stadt wird verändernd geprägt durch all die, die sich jemals dort aufgehalten und sie schön gefunden haben. Bath ist mehr als die Summe seiner Teile.

Der weiche, bröselige Stein; diese turbulenten Himmel, über die hin und wieder wilde Schwäne ziehen; dieses Licht mit seiner elegischen Eigenart, einem den Atem stocken zu lassen; dieses Gefühl einer allgegenwärtigen Pastorale, die Empfindung von Ländlichkeit, die sich in verwilderten Gärten manifestiert und eigentlich mit dem Land gar nichts zu tun hat, sondern eher mit der Vorliebe für Parks, landschaftlich gestaltete Wiesen, darin einbezogene Natur, Gartenstädte ... Aquarell-Ästhetik, wie sie in der englischen Kunst zu finden ist, deren bevorzugte Jahreszeiten die feuchten sind, wie Vorfrühling und Frühherbst. Und all diese Landschaften sind sanft verwunschen. Bath, eine Stadt, die so englisch ist, daß man sich dort vorkommt, als sei man im Ausland, ist durch das, was Pevsner das Englischsein der englischen Kunst bezeichnet, so verzerrt worden, daß die Stadt schon fast selbst eine Ikone der Sensibilität geworden ist. Dieses besondere Englischsein, diese besondere Sensibilität, erfuhr eine letzte, größere Wiederbelebung in der wirklichen Kunst in den späten vierziger Jahren in den Bildern von John Piper, Michael Ayrton und den Nashes. Mervyn Peake zeigt den dämonischen Aspekt. In der Literatur findet man sie in den Romanen und Erzählungen von Walter de la Mare; in der Musik in Brittens Vertonung von ›*The splendour falls on castle walls*‹.

Es entwickelt sich aus einer Ästhetik von Stimmung und Gefühl, nicht aus einem formalen oder gedanklichen Konzept heraus; die Sensibilität ist allen obenangeführten Beispielen gemein, unabhängig von dem Medium, in dem sie zum Ausdruck kommt. Es ist eine Kunst, die nicht die Male von Markthändeln trägt, solche Händel hätten einen guten Teil ihres melancholischen Hauchs fortgewischt. Es ist nicht so sehr eine bourgeoise Kunst – die wäre vulgär – als eine echte Kunst der Mittelklasse, und, da die englische Mittelklasse einzigartig ist, ist es vielleicht diese Klasse, die der Sensibilität ihren typisch englischen Charme verleiht. Sie reflektiert, ist ein Produkt von Träumerei und Selbstreflektion. Es ist typisch für Bath als ein Produkt der künstlerischen, englischen Sensibilität, daß einer seiner Geister ein lyrisches Wesen sein soll, dessen Anwesenheit an einem Duft nach Jasmin zu erkennen sein soll.

Auf dem Hügel jenseits des Flusses gibt es ein Vergnügungslokal, dessen Name in der Nacht leuchtet. Es heißt »Scheinschloß«.

›New Society‹, 1975

Diese Landschaften müssen bewohnt sein, die einen mehr, die anderen weniger. Man kann zum Beispiel Wordsworth unmöglich ohne den Hintergrund des Lake District betrachten.

Dichter in einer Landschaft

Die Geister verstorbener Dichter durchwandern nicht den Lake District, nein – sie durchstreifen ihn. Im Moor wandernde Geister völlig übergeschnappt, wie Drachen schwebend ... man hat das Gefühl, man könnte sie am Rand des Rydal Water überraschen oder den Widerschein ihres Geisterbildes in den magischen Spiegeln des Grasmere oder Windermere entdecken – ich bin sicher, die gläsernen Bergseen sahen furchterregend aus, wenn man Opium genommen hatte! Es heißt allerdings, die Wordsworth-Sippe, hervorragende Fußgänger und zwanghafte Wasserbetrachter, habe Laudanum nur aus medizinischen Gründen genommen, Euer Gnaden. Wenn im Seenland die Narzissen im Aprilschnee frösteln, kann man sich gut vorstellen, wie die Wordsworths unter heftigen Entzugserscheinungen mühselig die Meilen vom Dove Cottage nach Windermere dahintrotteten, um in Erfahrung zu bringen, ob ihr Verbindungsmann (vermutlich Humphrey Davy) geliefert hatte.

Bestimmt *haben* sie ständig unter Drogen gestanden, Wordsworth und seine sportliche Schwester mit ihren irren Augen (»wilde, erschreckende Augen«, meinte de Quincey, der zweifellos, und wer wäre dazu besser in der Lage gewesen, ihre erweiterten Pupillen bemerkt hatte). Was sonst hätte sie dazu treiben können, bei jedem Wetter, im Wirbelsturm, bei schneidendem Frost oder dem besonders nassen cumbrischen Regen trotzend, umherzuwandern, nur um einen weiteren Berg oder See in anderem Licht zu sehen? Wie sonst hätten sie das alles überhaupt durchstehen können, wenn nicht unter Drogen? Als Imbiß hatten sie ein paar Bissen kaltes Schweine- oder Hammelfleisch in der Tasche. Wordsworth, geistesabwesend, wie nur ein Genie oder ein Trottel es sein kann, vergaß immer wieder seine Handschuhe oder seine Jacke und mußte umkehren, um sie zu holen.

Hinter jedem großen Mann steht eine dumme Frau, die glaubt, die Sonne schiene aus dem Arschloch ihres Lieblings und befürchtet, seine übersensiblen Finger würden schon abfallen, wenn er nur den Abwasch macht. Im

Gegensatz dazu steht hinter jeder großen Frau ein besserwisserischer Kerl, der beispielsweise sagt: »Wie willst du denn einen Knoten zustande bringen, sei nicht dumm und gib mir das Tau her.« Natürlich gibt sie es ihm. Reverend Patrick Brontë ist ein perfektes Exemplar dieses letztgenannten Typus. Seine Töchter mußten zwangsläufig Genies werden, um sich gegen ihn zu behaupten. Aber ach, wie hätte die arme Dorothy Wordsworth ihren eigenen Genius einem Mann gegenüber behaupten sollen, der ihn ja ganz offen anerkannte, ohne aber selbst einen Knoten machen zu können, um sein Leben zu retten? Es gibt keine undankbarere Rolle als die der Muse eines Menschen, auf den man achtgeben muß.

Und immer die Sucht nach langen Fußmärschen. Die Wordsworths mußten natürlich stets vor der schwierigen häuslichen Situation flüchten. Im engen Raum des Dove Cottage mußten sie zwangsläufig ständig aneinander stoßen, um anschließend auseinanderzuspringen, als hätten sie im selben Augenblick einen Stromschlag bekommen, »Entschuldigung« zu murmeln und aus dem Fenster zu sehen, ob es zu regnen aufgehört hatte. Welch feinverwobene Atmosphäre sexueller Spannung! Wohin sollte man gehen – auch wenn es noch nicht *ganz* zu regnen aufgehört hatte –, wenn nicht hinaus in Gottes gute, frische Luft, zu den stolzen, schneebedeckten Bergen, um sich das alles von den stürmischen Winden aus dem Körper blasen zu lassen. Schau her, William: Narzissen.

Und wir wissen, daß William hinsah.

Manchmal war Dorothy auf ihren Wanderungen so überwältigt von *allem*, daß sie ihren Kopf zum Abkühlen in einen glucksenden Gebirgsbach tauchen mußte. Danach wurde sie regelmäßig krank und mußte das Bett hüten.

Man kann nicht leugnen, daß die häusliche Atmosphäre für William Wordsworth zu jener Zeit recht schwierig war. Die Jahre im Dove Cottage: William und Dorothy, er nur ein Jahr älter als sie und auf dem Gipfel seiner Kreativität, gingen auf die dreißig zu. Die ›Lyrical Ballads‹ waren abgeschlossen, ›The Prelude‹ schon im Entstehen. Sie, seine Gehilfin, sein williges Opfer, seine Schmeichlerin, sonnte sich in diesem Glanz. Viele etablierte Mitglieder der Lakeland-Bourgeoisie und sogar ein oder zwei Bauern zählten zu ihren Bekannten, doch erst durch ihre Junkiefreunde Coleridge (ein häufiger Gast) und de Quincey (wenngleich dieser erst etwas später auftauchte) wurde die Gruppe vollständig.

Von englischen Künstlern erwartet man nicht, daß sie sich zu Gruppen zusammenschließen wie französische Künstler. Moderne Meister wie Kingsley Amis und Margaret Drabble prahlen sogar, der Kern dieser ganzen Dinge sei der bourgeoise Individualismus, mit dem sie geschehen. Trotzdem haben sich eigentlich immer irgendwelche Gruppen gebildet, schon seit Shakespeare und Jonson in der Mermaid Tavern: die präraphaelitische Bruderschaft, die Camden Town Group, die Bloomsbury Group. Die Dichter des Lake District sind nicht die einzigen, die Bindungen zu Gleichgesinnten suchten.

Im Zusammenhang mit diesen Gemeinschaften wird jene Heuchelei praktiziert, die uns das Ausland so häufig ankreidet, denn sie existieren nicht nur, obgleich ihre Existenz geleugnet wird, nein, in ihrem Kreis werden sogar mit erheblichem Enthusiasmus abartige Verhaltensformen praktiziert. Diese Verhaltensformen überdecken sie mit einer derart dicken Schicht einfachen Lebens und hehrer Gedanken, daß der Mann auf der Straße glaubt, alle Künstler seien die größten Langweiler, bis dann nach ihrem Tod ihre Biographien erscheinen und sie nicht mehr vor Verleumdungen geschützt sind.

Sexuelle Verirrungen und Drogen (zu denen ich auch Äthylalkohol zähle) sind die vorrangigen Spezialitäten dieser Gruppen, manchmal gleichzeitig konsumiert, manchmal mit Präferenzen für das eine oder andere. Auf Anhieb kann ich keinen Junkie aus der Bloomsbury-Gruppe nennen, doch sind sie immerhin so weit von der Norm abgewichen, daß man bei ihnen an den Slogan denken muß, den Anthony Burgess vor einigen Jahren zum Nullwachstum der Bevölkerungsrate geprägt hat: »Es ist sapiens, homo zu sein.« Die Lake-Dichter dagegen hatten eine Präferenz für Laudanum und für das, was Humphrey Davy in seinen Probeflaschen so zusammenbraute.

Dennoch standen sich Wordsworth und seine Schwester sehr nahe. Darüber sind sich alle einig. Es ist unmöglich, Dorothys Tagebucheintragungen über die ersten zwei Jahre in Grasmere, in denen sie in malerischer Isolation miteinander lebten, zu übersehen: »Ich liebkoste ihn auf dem Teppich.« Doch Wordsworth war natürlich nicht Byron. In diesem Punkt war er recht eindeutig. Sie müssen wie in einer anhaltenden Latenzperiode verzögerter Pubertät zusammengelebt haben, und diese seltenen, fürsorglichen Zärtlichkeiten waren nur an einigen seltenen, süßen Abenden vor dem Kaminfeuer im Salon möglich, an denen William sich nicht zeitig mit Kopfschmerzen zu Bett begeben hatte. Da alle Kunst der Repression entspringt, ist es kein Wunder, daß dieser Salon der Nährboden großer Dichtkunst war. Da Dorothy weniger der Sublimierung fähig war, ist anzunehmen, daß der größte Teil der Spannung von ihr ausging. Doch was hatte *sie* davon? Einen Abglanz seines Ruhmes?

Wir alle wissen, was William davon hatte. Oh, wie feinfühlig waren ihre Beobachtungen! Und die exquisite Sprache ihrer Tagebücher, die filigrane Präzision, mit der sie die lieblichen Szenen um sich herum festhielt! Und war nicht sie sein einzigartiges Nachschlagewerk, wenn es um Blumen und Bäume oder das Wetter ging? Genau das hat auch Robert Graves mit seiner barschen Bemerkung gemeint: »Wordsworth hatte nur sehr oberflächliche Kenntnisse der Natur; er stand morgens nicht früh genug auf.« Sicher, in den Tagebüchern war nie die Rede von einem Frühstück vor neun Uhr, was, gemessen am normalen bäuerlichen Tagesablauf ihrer Umgebung, schon später als der Lunch war. Manchmal frühstückten sie zu einer Zeit, zu der ich meinen Tee trinke.

Ja, sie spielten wirklich »einfaches Leben«. Manchmal legte William ein paar Reihen Erbsen im Gemüsegarten, um sich dann, völlig erschöpft von der körperlichen Arbeit, ins Bett zurückzuziehen – er brachte viel Zeit im Bett zu – und den Rest des Beetes Dorothy zu überlassen. Sie wusch, kochte, buk unentwegt – Brot, Brot und nochmal Brot und Geflügelpastete, was wohl ihre Spezialität gewesen sein muß. (Diese Art Mensch ernährt sich heutzutage von Vollwertkost.) Sie setzte sich mit den Bediensteten auseinander; zwar waren die Wordsworths nicht gerade reich, so doch auch ganz und gar nicht arm. Sie fertigte die Bettler ab, die zwei oder drei am Tag, die um eine Brotkruste oder ein paar Pennies baten, sie fragte diese einbeinigen Soldaten, Schwachsinnigen, Waisenkinder, umherziehenden Sammler von Blutegeln und Zigeunerinnen, deren Lebensgeschichten ihr Bruder später so geschickt in Verse kleidete, eingehend aus. Sie schrieb die endlosen Produkte seiner geistigen Wehen ab, sie gab sie heraus, kritisierte und polierte sie, zwar nie selbst Muse, aber doch Dienerin eines demütigen Bittstellers bei der Muse. Wirklich, eine komische Rolle.

Dann und wann erhob die Ursache zu Williams einziger wilder Eskapade ihren häßlichen Kopf, Annette Vallon, Jahre zuvor in Frankreich verführt und verlassen. »Brief von Annette«, notiert Dorothy gleichmütig von Zeit zu Zeit. Diese Eintragungen sind gewöhnlich gefolgt von der Ankündigung eines Kopfwehs, denn auch Dorothy neigte zu Kopfschmerzen. Beide litten immer wieder unter schrecklichen Kopfschmerzen. Dann auch unter Zahnschmerzen, Koliken, Hämorrhoiden, Schlaflosigkeit. »Ich liege zu Bett, es geht mir nicht gut.« »William noch immer nicht wohlauf.« Gastrische Beschwerden. Erkältungen – eine Fünf-Meilen-Wanderung, durchnäßt bis auf die Haut, kann doch nur zu einer Woche im Bett führen; meiner Meinung nach weiß das doch jedes Kind!

So hat es manchmal den Anschein, als hätten sie sich all diesen gesunden Aktivitäten im Freien nur unterzogen, um sich vorübergehend in das Refugium der Krankheit zurückziehen zu können. Alle beide waren die Hälfte der Zeit sterbenskrank, jedoch selten ansteckend; ich behaupte, daß der chronisch-schlechte Gesundheitszustand in diesem Haus, wie er Dorothys Tagebüchern zu entnehmen ist, ebenso wie die exzessive Hingabe an die Krankheit, wenn sie denn nachweislich und akut vorhanden war, die Folge einer langanhaltenden nervlichen Überreizung waren.

Und ich glaube nicht einmal, daß in erster Linie unterdrückte Sexualität Ursache dieser Überreizung war, sondern vielmehr die Wirkung, die Dorothys hartnäckige, besessene, selbstverleugnende Hingabe an den Bruder als ihr Über-Ich auf beide hatte. »Das Feuer flackert, und die

Uhr tickt. Ich höre allein das Atmen meines Geliebten; von Zeit zu Zeit schiebt er sein Buch vor, um eine Seite umzublättern.«

Das ist nicht die Sprache der Liebe; Liebe schleift sich mehr ab. Es ist die Sprache der vierten Person. Sie muß ihn einmal wahnsinnig geliebt haben. Arme Dorothy; armer William, der versucht, in der unbehaglichen Gegenwart ihrer wirren Augen sein Buch zu lesen. Augen, die nicht wirr sind vor Leidenschaft, sondern durch ihren eigenen Ehrgeiz, denn, wäre er *kein* Genie, könnte sie ebensogut tot sein.

Später, als er dann verheiratet und berühmt war, sie dagegen gelähmt und geisteskrank, konnte sie noch immer perfekt die Gedichte ihres Bruders rezitieren. Vielleicht erhob sich dann durch die Gnade, die nur der Wahnsinn gewährt, ihr totgeborenes Selbstwertgefühl, und sie dachte, sie selbst habe all diese Gedichte geschrieben.

›New Society‹, 1978

Die ›Anmerkungen zu einer Theorie über den Stil der sechziger Jahre‹ sind einer meiner ersten Aufsätze, die von der Zeitschrift ›New Society‹ veröffentlicht wurden. Es war 1967, als die Dinge auf einen Höhepunkt zutrieben. Es gibt mir ein sehr merkwürdiges Gefühl, und ich komme mir ziemlich alt vor, wenn ich heute die ›Anmerkungen zu einer Theorie über den Stil der sechziger Jahre‹ lese. Ich muß feststellen, daß sie überspitzt und überliterarisch formuliert sind, aber ein Mensch kann nur in einer Richtung gehen, und das tue ich noch immer … doch welche Nostalgie erfüllt mich! Als ich Mitte der Siebziger als Writer-in-Residence an der Universität von Sheffield war, kamen die jungen Leute zu mir und fragten mich mit geheimnisvollem Unterton: »Wie waren denn die Sechziger wirklich?« (Heute passiert das nicht mehr so häufig; offenbar erscheinen die Sechziger heute nicht mehr als das Goldene Zeitalter, das diejenigen, die 1976 zwanzig waren, um Haaresbreite verpaßt hatten, sondern eher wie reiner Mythos, eine rein politische Sache oder eine recht langwierige Angelegenheit; heute ist es die Zeit, in der die eigenen Eltern lebten, so wie das bei mir mit den Dreißigern der Fall war.)

Damals jedenfalls fragten sie: »Wie waren denn die Sechziger wirklich?« Es ist unmöglich, darauf zu antworten, außer vielleicht, daß es nicht so war, wie es in den Filmen dargestellt wird. Es war die beste Zeit, es war die schlimmste Zeit, etc., etc., etc. Das Lustprinzip traf auf das Realitätsprinzip wie eine unwiderstehliche Kraft auf ein unbeweglich-starres Objekt trifft, und der Nachhall dieses Zusammenstoßes ist noch immer um uns zu hören.

1975 fing ich an, regelmäßiger und nicht mehr nur sporadisch für ›New Society‹ zu schreiben; das war, als mir Paul Baker, Herausgeber der ›New Society‹, die Möglichkeit eröffnete, Dinge genauer zu betrachten, eine Chance, für die ich sehr dankbar bin, denn es gab eine Menge zu sehen. All meine Arbeiten für ›New Society‹ verdanken seiner großzügigen, intellektuellen Neugier und seiner verlegerischen Betreuung sehr viel.

Anmerkungen zu einer Theorie über den Stil der sechziger Jahre

Samt ist wieder da, Haut Antihaut, nachgeahmte Nacktheit. Wie Leder und Wildleder, nur sinnlicher stimuliert Samt das Fleisch, das er verhüllt; Samt ist ein zutiefst taktiles Gewebe. Im letzten Winter lud Satin zum Streicheln ein, eine schlüpfrige Berührung, in diesem Winter fordert Samt zu geschmeidigeren Liebkosungen heraus. Doch die Frauen, die braune Samtkleidchen kaufen, tun das vermutlich eher aus einem Nichtwissen heraus und sind sich nicht bewußt, daß sie sich für eine Rolle in unserem alltäglichen Tatsachen-Theater ankleiden; auch wird ihnen nicht die Rätselhaftigkeit dieses Theaters bewußt.

Denn das Wesen der Anziehungskraft ist sehr komplex. Kleidung beinhaltet so viel auf einmal. Sie ist unsere gesellschaftliche Schale; das Signalsystem, mit dem wir unsere Absichten aussenden; oft auch Projektion unserer eigenen Phantasien und Wünsche (eine fette alte Frau im Bikini); die angemessene Uniform für die Rolle, die wir im Leben spielen (der Anzug des Geschäftsmannes, das Tweedjakket des Lehrers mit seinen Lederflicken an den Ärmeln und dem rituellen Requisit Pfeife in der Brusttasche); manchmal auch einfach nur eine Art der Darstellung von Einkommen oder Wohlstand (echter Schmuck – insbesondere ererbter, echter Schmuck, der zugleich auch einen Klassenbonus in die Waagschale wirft – oder Nerz). Kleidung ist unsere Waffe, unsere Herausforderung, unsere sichtbare Möglichkeit, Kränkung zuzufügen.

Und noch mehr. Wir glauben, unsere Kleidung sei Ausdruck unseres Selbst, dabei ist sie nur Ausdruck unserer Umgebung und das, genau wie Werbung, Popmusik, Trivialliteratur und drittrangige Filme, beinahe auf einer unbewußten, emotional beladenen, instinktiven, nicht-rationalen Ebene. Geschäftsleute, Modeschriftsteller, Designer und Models, Ladenbesitzer, Käufer, Schaufensterdekorateure, sie leben in derselben Wolke von Unwissenheit wie wir alle; sie glauben, sie formten den allgemeinen Geschmack, sind jedoch in Wirklichkeit nichts anderes als blinde Marionetten einer kapriziösen Göttin, der Göttin der Spiegel, Wetterfahnen und Barometer, von den Elizabethanern Unbeständigkeit genannt. Sie ist unergründlich, aber logisch.

Die rätselhafte, aber folgerichtige Logik des Wechsels hat die Mode der sechziger Jahre dazu gezwungen, die Schranken von Raum und Zeit zu durchbrechen. Kleidung kommt uns heute vielleicht oftmals willkürlich und bizarr vor; dennoch macht das verblüffende Dandytum der frisch emanzipierten Jugend eine Art Logik von unerhörter Entropie deutlich. Unbeständigkeit hat ihre große Zeit.

Nehmen wir folgendes Beispiel: Ein junges Mädchen, das zu einer Party eingeladen ist, könnte, sich selbst überlassen (keine Mutter nimmt es bei der Hand), ohne weiteres die folgende Kombination auswählen: ein mexikanisches Baumwoll-Hochzeitskleid (obwohl sie keine Braut ist und wahrscheinlich auch keine Jungfrau mehr – und so mit einer einzigen Handbewegung ein Kleidungsstück, das in seiner ursprünglichen Umgebung einen sehr starken Symbolgehalt besitzt, in einen Dekorationsgegenstand verwandelt); die Knöpfstiefel ihrer Großmutter (einst entworfen, um die zierlichen Füße und das begüterte, leichtere Leben der edwardianischen Mittelklasse zu dokumentieren, die es nicht nötig hatte, zu arbeiten und nur selten zu Fuß ging); den Fuchspelz ihrer Mutter (erstanden, um den Status ihres Vaters zu belegen); und ihre alte Schulkappe, die sie auf dem Dachboden ausgegraben hatte, weil sie Fay Dunaway in ›Bonnie und Clyde‹ gesehen hatte (und ein für eine Rollenidentifikation typisches Kleidungsstück setzt neue Maßstäbe).

All diese eklektischen, ihres Symbolgehaltes beraubten Fragmente treffen aufeinander, um ein neues Ganzes zu bilden, eine Theatralisierung des Individuums, einen persönlichen Stil. Und Mode heutzutage (wirkliche Mode, die von wirklichen Leuten getragen wird) ist eine Frage des Stils, nicht mehr eine Frage miteinander harmonierender Einzelheiten. Das »Was-trage-ich-wozu?« ist nicht mehr das Problem; in den Jahren seit etwa 1960 trägt man alles auf einmal.

Der Begriff Stil bedeutet die Darstellung des Selbst als dreidimensionales Kunstobjekt, über das man staunt und mit dem man umgeht. Und dies wiederum erfordert eine neue Einstellung zu dem Selbst, das sich so ausschmückt. Die auffällig-bunten Fetzen der Blumenkinder, phantasievolle Elemente selbst in »seriöser« Kleidung (Militärlook, Wiederentdeckung der Mode der dreißiger Jahre), extravagante und stilisierte Gesichtsbemalung, Perücken, Haarteile, bei Männern der erstaunliche Rückfall in den Bereich dekorativer Schnurrbärte (und tatsächlich auch in ein Gesamtkonzept des dekorativen Mannes), vorgetäuschte Tätowierungen – all dies fällt in den Bereich Verkleidung.

Verkleidung beinhaltet auch Doppelzüngigkeit. Man möchte als ein anderer durchgehen, den es geben mag oder auch nicht – als Jean Harlow oder Lucy in the Sky mit Diamanten oder als Al Capone oder Sergeant Pepper. Wenn auch die Verkleidung zum Spiel getragen wird und nicht in der Absicht, jemanden zu täuschen, so entläßt sie einen dennoch aus der eigenen Persönlichkeit und in die Entdeckung eines vielleicht überraschenden neuen Selbst. Man fühlt sich frei, sich freier zu verhalten. Dieser Urlaub vom bleibenden Selbst ist es, der eine Phantasiekleidung stets so verlockend macht. Die verkleidete Rosalind im Ardenner Wald konnte vorgeben, ein Junge zu sein, konnte vorgeben, eine Verführerin zu sein, die unzählige atavistische Begierden bei den Zuschauern des Stückes befriedigte. Und uns wird wieder einmal bewußt, was jeder eigentlich immer gewußt hat, daß nämlich alle zwischenmenschlichen Kontakte von Grund auf zwiespältig sind. Und der Stil der Sechziger drückt dieses Wissen aus.

Die ›*Bonnie und Clyde*‹-Kleider und die Guru-Gewänder sind sicherlich kein Anzeichen für einen Kult der Gewalt oder einen massiven Umschwung in Richtung transzendentaler Meditation (obwohl das ›*Rave*‹-Magazin einen Meditationsführer zu dem letztgenannten Gegenstand in seiner Novemberausgabe zusammengestellt hat). Es ist eher so, daß diese regenbogenartige Verbreitung aller Arten von Phantasiekleidung eine neue Freiheit deutlich macht, vor der sich viele Leute fürchten, insbesondere diejenigen, die etwas verlieren würden, wenn die eingefrorene, repressive, rollenverhaftete Welt beginnen würde, sich aufzulösen.

Nehmen wir einen typischen Hippie, nehmen wir einen typischen Chinesen der Roten Garde. Der eine ist eine schöne Explosion von schillernder doppeldeutiger Seide und Glasperlen, der andere ein streng und vorschriftsmäßig gekleidetes Stück männlicher Aggression, das schon durch seine Kleidung die Aufgabe seiner Individualität für die puritanische Ethik seiner Gruppe demonstriert. Die einen tragen die wilde Patchwork-Uniform einer Gesellschaft, in der sich soziale und sexuelle Gruppierungen beliebig wieder auflösen, die anderen sind Teil einer sich dynamisch gebenden Gesellschaft, in der alle Individuen zusammengepreßt werden wie eine geballte Faust. Der eine ist Fragment eines Kaleidoskops, der andere ein Schlag in den Magen. Der eine erblüht wie eine Rose, der andere erkämpft sich stur seinen Weg.

Natürlich muß man nicht bis nach China gehen, um diese Divergenz in der Zielsetzung zu erkennen. Stellt man einen Jungen in einer Dschellaba neben einen mittelalten Polizei-Wachtmeister, so wird der eine vom anderen denken: »Der Feind ist unter uns.« Der Junge in der Dschellaba wird sehr jung sein, denn der Klassenkampf in Großbritannien (einst kleidungsmäßig symbolisiert durch Keir Hardies Stoffkappe) definiert sich neuerdings als Kampf der Generationen.

Der Drogenprozeß der Rolling Stones war eine elegante Konfrontation maßgeschneiderter Symbolik im Generationenkonflikt: der Richter in rituell ehrfurchtgebietender Robe und Perücke beschwört das Schicksal seines Alters und seiner Klasse auf diese schönen Kinder in ihren Rüschen und Sonnenuntergangsfarben herab, die es gewagt hatten, die Unfehlbarkeit, die er als Urbild des Rechtes und als Vaterfigur verkörpert, in Frage zu stellen.

Die Rolling Stones haben stets bei ihrem Publikum an eine Einstellung gegen Autorität und gegen Elternfiguren appelliert und auch stets die Waffen der Kleidung benutzt – von den relativ seriösen Anfängen an (langes Haar und Schmuddeligkeit) bis hin zum berühmten Auftritt in Frauenkleidern im ›Daily-Mirror‹-Center. Sie sind Meister in der Kunst des kalkulierten Schocks. Und es funktioniert immer. Kleidung als Schockmittel – es macht Spaß, die Leute vor den Kopf zu stoßen (wie die Hell's Angels sagen), und es wird immer wieder gelingen, die Leute vor den Kopf zu stoßen, wie oft man sie auch warnt: »Er tut es nur, um zu provozieren.«

Die Hell's Angels und andere kalifornische Motorrad-Gangs schmücken sich mit eisernen Kreuzen, Nazi-Helmen, Halsketten und Ohrringen, lassen sich das Haar bis zu den Schultern wachsen und färben sich den Bart grün, rot oder purpur; sie kultivieren üble Mund- und Körpergerüche. Als perfekte Dandies der Scheußlichkeit verkörpern sie Amerikas Alptraum. Lieber soll deine Schwester einen Neger heiraten, als daß die Oakland-Sektion der Hell's Angels bei ihr zum Kaffee hereinschneit.

Diese Outlaw-Kleidung ist ein Zeichen tatsächlicher Absonderung von der Gesellschaft. Es ist ein sehr ernstzunehmender Spaß; auf ihre Neandertalerart befolgen die Hell's Angels Camus' Gesetz – nämlich daß der Dandy immer ein Rebell ist, daß er die Gesellschaft herausfordert, indem er den Tod herausfordert. Die Motorrad-Gangs fordern den Tod von Angesicht zu Angesicht heraus, indem sie mit 160 Stundenkilometern in Levis und mit Hakenkreuzen ohne Sturzhelm, dafür aber mit Schlapphut über kalifornische Autobahnen rasen, mit nichts als einer dünnen Schicht Denim zwischen sich und dem Tod. »Das Leben, das sterben muß, glänzt wenigstens vor dem Verschwinden auf, und dieser Glanz rechtfertigt es.«

Im Jahrzehnt von Vietnam, im Jahrhundert von Hiroshima und Buchenwald sind wir uns des Todes ebenso unablässig bewußt wie je eine Generation vor uns. Kein Wunder, daß so viele Menschen den Weg des Dandys wählen, um unbeantwortbare Fragen zu stellen. Das Streben nach Großartigkeit beginnt als Spiel und endet im

Nihilismus oder in der Metaphysik oder im Neu-Überdenken von Zielsetzungen.

Im Streben nach Großartigkeit ist nichts heilig. Eine bis dahin als sakrosankt betrachtete Vorstellungswelt wird entweiht. Als Pete Townshend von The Who seine aus dem Union Jack geschneiderte Jacke zum ersten Mal trug, abstrahierte er unser Nationalsymbol auf sehr viel effektivere Weise, als es Jasper Jones getan hat, als er das Sternenbanner kopierte und es sich an die Wand hing. Es stellt sich hierbei nicht die Frage, ob Pete Townshend sich des Wesens seiner Abstraktion voll bewußt war oder nicht; er fühlte sich einfach gedrängt durch Zwänge der Zeit.

Analog hat man Stoffe und Gegenstände, denen bis dahin stark negative, fetischistische Merkmale zugeordnet waren, von ihrem abwegigen Beigeschmack gereinigt und sie wegen des ihnen eigenen strukturellen Charmes verwandt oder sie im Stil der Gruppe unter humoristischer Bezugnahme auf diesen Beigeschmack getragen. Gummi, Leder, Pelze, Gegenstände wie Netzstrümpfe und hohe Stiefel sind Fetische, die durch die Reinheit des Stils unschuldig geworden sind, wie auch Sex entspannter wurde und allgemeine Normen subtiler.

Ikonographische Kleidung ist ebenfalls säkularisiert worden. Man denke nur an den Kult, der mit militärischen Uniformen getrieben wurde. Ein uniformierter Wachsoldat ist offenbar die personifizierte Aggression; sein Mantel ist so rot wie das Blut, das er zu vergießen hofft. Auf einem Kleiderbügel, ohne Mann darin, verliert die Uniform all ihre aufgeplusterte Bedeutung, und für das unvoreingenommene Auge, das sich von der dekorativen Farbe und den schönen Litzen verführen läßt, ist sie so abstrakt in ihrer Symbolik wie ein Sonnenschirm für einen Eskimo. Sie wirkt nur noch prächtig. Befindet sie sich allerdings am Körper des Unvoreingenommenen, nimmt sie wieder ihre aggressive Rolle an: Dem Veteranen (das sind in diesem Land die meisten Männer über vierzig) verrät die säkularisierte militärische Uniform viel zu viel, und nur Schmerzliches. Er sieht die Vergewaltigung seiner Ideale und fühlt sich bedroht von einer entsetzlichen Waffe, die seine Würde verletzen könnte.

Ikonographische Kleidung ist zum großen Teil schlicht durch Mißbrauch verweltlicht worden. Für den Stilisten ist ihr Symbolgehalt verschwunden, und sie ist nicht dekorativ genug, um spielerisch verwendet zu werden. Veränderungen haben sie altmodisch werden lassen. Die Varieté-Sängerin, die in ihrem münzenbestickten Futteralkleid kreischt: »Schau mich an, aber berühr mich nicht, ich bin gepanzert«, überlebt als Bild passiver weiblicher Sexualität, als *princesse lointaine* (oder eher die *putain lointaine*) ausschließlich im Schoß der Unwirklichkeit eines Nachtklubs oder in der romanhaften Projektion auf dem Bildschirm. Die Braut in Tüll und Taft, umgeben von ihrer knisternden Jungfräulichkeit, die schicksalhaften Lilien umklammernd, ist das Abbild der Frau ausschließlich als Sexgegenstand und überlebt jeweils an den Enden der sozialen Stufenleiter erhalten als Teil der Potlatsch-Kultur – wo der Zwang, die Hochzeiten der Töchter zu einer Luxusdarstellung zu machen, am stärksten ist.

Doch im großen und ganzen haben sich die Mädchen von den starren Formen bildhafter Sexualität emanzipiert. Dank sozialer Veränderungen, dank der Empfängnisverhütung, dank gleicher Bezahlung für gleiche Arbeit besteht keine Notwendigkeit mehr für diese klischeehaften Bilder; die Kleidung sowohl des Mannes als auch der Frau drücken heutzutage aus: »Schau mich an und berühr mich, wenn ich will.« Samt ist wieder da, Haut Antihaut, nachgeahmte Nacktheit.

›New Society‹, 1967

Die Wunde im Gesicht

Ich habe ein halluzinatorisches Wochenende verbracht, indem ich Gesichter anstarrte, die ich aus Frauenzeitschriften ausgeschnitten hatte, entweder aus der Kosmetikrubrik oder aus Anzeigen – alle Gesichter dieser Saison. Ich habe zwanzig oder dreißig Gesichter an die Wand geklebt und versucht, für mich selbst herauszufinden, (a) wie Frauengesichter heutzutage auszusehen haben und (b) warum sie so aussehen. Es war eine ziemlich theoretische Übung, denn die Gesichter der Models in Zeitschriften sind nicht gerade die, die man auf der Straße findet – keine stillosen, hausbackenen Mischungen, sondern eher Idealgesichter im platonischen Sinne. Darüberhinaus reflektieren sie die Stimmung des Augenblicks, das, was der Hersteller in diesem Jahr besonders zu pushen versucht. Dennoch wirkt der *Zeitgeist** auch durch die Hersteller. Sie begreifen ihre eigene Bilderwelt noch weniger als der Verbraucher, der sie vorführt. Ich bin noch immer beschäftigt mit der Natur der Bilderwelt in der Kosmetik. Ich glaube, sie macht mir Angst.

Es war eine nervenaufreibende Erfahrung, diese Bilderwelt zusammenzustellen, denn alle Models schienen mich mit einer so lastenden und statischen *Präsenz* direkt anzustarren, daß ich mich nur mühsam des Gefühls erwehren konnte, sie klagten mich irgendeiner Sache an. (Wie selten sehen Frauen einander in die Augen.) Nur zwei der Gesichter zeigen so etwas wie ein Lächeln, und nur eines läßt eine Winzigkeit der Zähne sehen. In dieser Saison ist nicht das extravertierte Gesicht gefragt. Weil es in dieser Saison nicht allzu viel gibt, über das man lächeln könnte? Sicher. Es ist ein gleichgültiges, hartes, leuchtendes Gesicht; auch kommt es mir auf merkwürdige Weise vertraut vor, obwohl ich es nie zuvor gesehen habe.

Das Gesicht der Siebziger paßt zur Kleidermode, die auch einige seiner Züge diktiert hat, und steht in direkter Beziehung zu der sozialen Umgebung, die es hervorgebracht hat. Wie die Modetrends in der Kleidung, so beschränken sich auch die Modetrends bei Gesichtern in den letzten vier oder fünf Jahren auf Nachahmung. Dieser Bankrott wird durch immer geschicktere Plagiate verschleiert – Plagiate aus den dreißiger, vierziger, fünfziger Jahren, aus dem Mittleren Osten, aus Xanadu und Wessex (diese kittelartigen Kleider). Verglichen mit den kurzen Röcken und flachen Schuhen von vor zehn Jahren hat

* Im Original deutsch.

die Damenmode Rückschritte gemacht. Die Modeschöpfer versuchen wieder, uns die Füße mit hochhackigen Schuhen zu verkrüppeln und lassen uns lange Röcke durch Hundehaufen schleifen. Die Wiedereinführung von Rouge gehört ebenfalls zu diesem Rückschritt; Rouge, schüchtern wieder eingeführt unter dem Euphemismus *blusher** des neunzehnten Jahrhunderts.

Das etwas ältere Gesicht – das ›Vogue‹-Gesicht im Gegensatz zum *süßen* Gesicht – steht deutlich unter dem Einfluß der dreißiger Jahre, dem stark stilisierten, androgynen Gesicht einer Dietrich oder Garbo mit sehr betonten Knochenstrukturen, hohlen Wangen und halbgeschlossenen Augenlidern. Auch Warhols Transvestitenstars und seine Zeitschrift ›Interview‹ haben mit ihrer Leidenschaft für das Übertriebene, Kitschige, für falschen Glanz, Similisteine und Ziermünzen, Joan Crawford und Ann-Margaret tiefgreifenden Einfluß ausgeübt. Demzufolge neigen heute modebewußte Frauen dazu, wie Frauen auszusehen, die frauenimitierende Männer imitieren, eine interessante Umkehrung der Dinge. Das ständig von den Hochglanzmagazinen neuproduzierte Gesicht strebt die Beschaffenheit des Gesichtes von Warhols Candy Darling an.

Die Hauptaussage ist die, daß das harte, gleichgültige Gesicht, mit dem Frauen in den schwierigen dreißiger, den schwierigen vierziger und den nicht mehr ganz so schwierigen fünfziger Jahren sich stur ihren Weg bahnten (am Ende der Fünfziger wurde das Leben weniger schwierig, also gaben sie es auf), wieder da ist, um uns in den schwierigen siebziger Jahren Rückhalt zu sein. Es läßt den glatten, selbstbeherrschten Ausdruck wiederaufleben, der so typisch ist für Zeiten der Entbehrung.

Doch wie ist der Einfluß der Transvestiten hier einzuordnen? Ist er darauf zurückzuführen, daß man, nachdem das physische Bild der Frau in den Sechzigern solchen Angriffen ausgesetzt war, auf der Suche nach etwas Besserem niemand anderen finden konnte, um festzustellen, wie Weiblichkeit ausgesehen hatte, als eingeschworene, männliche Imitatoren, die das Konzept in ihren zier-

* »Erröter«.

münzenbehängten Gewändern, Stöckelschuhen und grellen Lippenstiften lebendig gehalten hatten? Wahrscheinlich ist das so. »Das weibliche Wesen und der Entwurf von Weiblichkeit, der ihm zugrunde liegt, sind Produkte einer männlichen Gesellschaft«, sagt Theodor Adorno. Es ist offensichtlich, daß der Imitator einer Frau mehr über seine Vorstellung von dem Wesen, das er nachmacht, weiß, als ich; schließlich ist es seine eigene Erfindung und hat nichts mit mir zu tun.

Und was hat es mit dem rousseauschen Naturalismus und seinem Bild der dominierenden Frau in der Mitte der Sechziger auf sich? Auch dafür hat Adorno eine soziologische Erklärung. »Ein unverzerrtes Bild kann nur mit der Verzerrung als Gegenüber in Erscheinung treten.« Das Gesicht der sechziger Jahre wurde zu Beginn dieses Jahrzehnts in der Zeitschrift ›*Queen*‹ (wie sie damals war) als »Ausdruck strahlender Leere« bezeichnet.

Das Gesicht der Sechziger war charakterisiert von einer geschwollenen Unterlippe – als hätte eine Biene hineingestochen –, riesigen Augen und einer Menge wirren Haars. Es sah sich selbst als wildes, süßes, zigeunerähnliches, verletzliches Gesicht. Der absolute Mangel an Geschicklichkeit bei der Aufmachung suggerierte sexuelle Freiheit in einer Zeit, die gelernt hatte, Kosmetik nicht mit Verworfenheit gleichzusetzen wie im neunzehnten Jahrhundert, sondern sie als Bestätigung geltender sozialer und sexueller weiblicher Maßstäbe zu betrachten. Nette Mädchen benutzten Lippenstift in den Fünfzigern.

Soweit das Gesicht der Sechziger überhaupt Kosmetika benutzte, tastete es sich durch die Kol- und Hennaimporte der Indienläden. Diese hatten den doppelten Vorteil, außerordentlich exotisch und zugleich sehr, sehr billig zu sein. Aus rein dekorativen Gründen klebte es sich aus Spaß manchmal kleine Ziermünzen an oder diese kleinen Gold- und Silbersternchen, die früher für »gutes Benehmen« verteilt wurden. Es kaufte Bühnen-Make-up-Stifte und vollbrachte damit Erstaunliches um die Augen herum. Das war in der Zeit der Flower Power. Es war ein wenig stilisiertes »Do-it-yourself«-Gesicht. Hin und wieder übernahmen Zeitschriften, stets auf der Suche nach Neuem, etwas davon, und die »durchgestylten« Gesichter bekamen geblümte Wangen und Sternchen auf die Augenlider zur selben Zeit, als die Kosmetikhersteller sich darauf verlegten. Also mußten Frauen wesentlich mehr für ihre kleinen Vergnügen ausgeben.

Der Look der Sechziger glänzte mit seinen offenen Poren, und wenn das Auge nicht in einer bestimmten Art geschminkt war, dachte man wahrscheinlich, man sei ungepflegt. Dabei war es nur die Tatsache, daß die Menschen nach all den Jahren des zentimeterdicken Make-up vergessen hatten, welche Farbe die Haut einer Frau ursprünglich hatte. Dieses Gesicht war sehr preiswert in der Erhaltung. In der Tat war es im Grunde ein äußerst wirtschaftliches und dienliches Exemplar, und die Erkenntnis, daß durch alle Jahre hindurch sämtliche Schönheitsexperten unrecht hatten und das Gesicht nicht verwitterte, wenn man es nicht einfettete, es sei denn, man setzte es extremen Witterungsverhältnissen aus, war fast ein Schock. Ein Gesicht ist eben kein Fahrrad. Und dennoch *war* dieses Gesicht, das Natürlichkeit als eine raffinierte Kunstform übernommen hatte, eine Maske, wie die fettigen Crememasken der Kosmetikindustrie, wenn auch häufig eine auf erfrischende Weise exzentrische Maske.

Am Ende des Jahrzehnts kam in einer kurzen Periode des Deliriums die furchterregende Mode des schwarzen Lippenstifts und des roten Lidschattens auf. Während eine Zeit lang bemalten wir uns so launenhaft, wie es Larionow vor der Revolution getan hatte. Dada im Boudoir! Was für eine witzige Parodie der ganzen Theorie der Kosmetik!

Die grundlegende Theorie der Kosmetik ist die, die Frau schön zu machen. Oder, wie die Werbung sagt, schöner. Man entfernt alle häßlichen Pusteln und Warzen und sonstigen Schönheitsfehler, schattiert die Nase, um sie größer oder kleiner zu machen, lenkt die Aufmerksamkeit mit leuchtenden Farben auf die positiven Züge und lenkt sie von den negativen mit zurückhaltenderen Tönen ab. Diese verrückten und tollkühnen Stilrichtungen jedoch – auf die sich tollkühne Kosmetikhersteller umgehend gestürzt und die sie sich sofort zunutze gemacht haben – schienen den Boden bereitet zu haben für eine umfassende neue Ästhetik der äußeren Erscheinung, die nicht das geringste mit der konformistischen Ideologie der »Schönheit« zu tun hatte. Sollte es etwa möglich sein, die Kosmetik dazu zu benutzen, die Frau ganz und gar von der Last des Schön-aussehen-müssens zu befreien?

Schwarzer Lippenstift und roter Lidschatten haben schließlich nie jemanden »verschönert«. Sie sind die kosmetische Entsprechung zu Duchamps Schnurrbart der Mona Lisa. Sie sind Kosmetika, die man als Persiflage der Kosmetik benutzt hat, als Persiflage der tyrannischen Tradition, Blau auf die Augenlider zu legen und Rosa auf die Lippen. Warum nicht umgekehrt? Das Schönste an dem Scherz war die Tatsache, daß dieser Look selbst ausgesprochen monströs wirkte. Von einem Augenblick zum anderen verwandelte er die schönste Frau in eine abscheuliche Groteske und jedes Gesicht in ein Werk der Anti-Kunst. Mir hat es sehr, sehr viel Spaß gemacht.

Trotzdem erfordert es verdammt viel Mumm, sich selbst in einem Dauerzustand optischer Anstößigkeit zu halten. Die wenigsten Frauen konnten der Versuchung widerstehen, sich doch ein verräterisches Eckchen für Sex Appeal freizuhalten. Außerdem ging dieser Scherz ein wenig zu sehr an die Substanz. Seine Augen so zu schminken, daß sie aussehen wie selbst zugefügte Wunden, heißt, auf seinem Gesicht den Beweis für die Gewalt zu tragen, die die Umgebung einem zufügt.

Schwarze Farbe um die Augen ist so vertraut und konventionell, daß es schon fast natürlich scheint; genauso rote Farbe auf den Lippen. Wir sind so sehr an den leuchtendroten Mund gewöhnt, daß wir ihn nicht mehr als die Wunde sehen, die er nachahmt, außer in der verräterischen Klarsichtigkeit einer Paranoia. Der Schock des rot bemalten Auges dagegen erinnert sofort an Gloucesters Blendung im ›*Lear*‹; oder, noch schlimmer und noch treffender, an die symbolische Blendung des Ödipus. Frauen ist es erlaubt – ja, sie werden sogar dazu ermutigt –, das Zeichen ihrer symbolischen Kastration zur Schau zu stellen, jedoch nur an den gesellschaftlich sanktionierten Stellen. Die Verlagerung nach oben läßt die eigentliche Bedeutung sichtbar werden. Diesmal sind wir zu weit gegangen. Reib alles ab und fang von vorne an.

Und nachdem wir von vorne angefangen hatten, kam auch der rote Lippenstift wieder. Elizabeth I. muß ein schönes, leuchtendes Karminrot besessen haben, mit dem sie ihre alles andere als üppigen Lippen betonte. Der »Rosenknospenmund« der viktorianischen Schönheit – ein Mündchen, so klein, daß man sich fragen mußte, wie überhaupt die Zähne darin Platz haben konnten – war von einem zurückhaltenden Rosa. Die Lippen der unkonventionellen Mädchen der zwanziger Jahre – Flappers nannte man sie in England – blühten auf und wurden wieder rot, und »üppige Lippen« wurden zu einem der wichtigen Bestandteile des Glamours im gesamten zwanzigsten Jahrhundert. So ist es noch heute, selbst wenn sich die Farben geändert haben.

In den Sechzigern wurden weißliche Lippenstifte, farbloser Lipgloss oder überhaupt kein Lippenstift benutzt. Jetzt ist der Mund wieder da als blutige Öffnung, als sichtbare Wunde. Dieser Mund blutet über allem, über Tassen, Eiscreme, Servietten, Handtüchern. Mary Quant kreierte einen Farbton, den sie (wie könnte es anders sein?) »Bloody Mary« nannte, um das Kind beim Namen zu nennen. Wir hinterlassen eine blutige Spur, um zu beweisen, daß wir dagewesen sind.

In den Dreißigern war diese Spur das Markenzeichen des intellektuellen Typs eines weiblichen Dandy à la Baudelaire, den die Dietrich so vorzüglich verkörperte. Stets hat die Dietrich Selbstmitleid und Selbstzerstörung überwunden, die Wunde triumphierend wie einen Orden getragen und den Gipfel erreicht. Iris Storm in Michael Arlens ›The Green Hat‹ dagegen, die Heldinnen bei Maurice Dekoba, die boshafte Filmschauspielerin in Chandlers ›The Little Sister‹, die sich stets schwarz kleidete, als Gegengewicht für ihren feuerwehrroten Mund – sie hinterließen überall Blutstropfen, wenn sie so blasiert ihrem Verhängnis entgegengingen. In ihrem Kielwasser Lippenstiftspuren an Zigarettenstummeln; in Form eines halben Herzens der perfekte Abdruck einer scharlachroten Unterlippe an einem geleerten Martiniglas; eine vielsagende scharlachrote Spur – wie E. für Ehebruch – auf einem Hemdkragen ... was für eine kitschige Poesie steht hinter all dem!

Elizabeth Taylor schmiert in ›Butterfield 8‹ mit ihrem leuchtendroten Lippenstift »Unverkäuflich« auf den Schlafzimmerspiegel. Die so unbegrenzte Großzügigkeit des Mundes wird mit brutaler Undankbarkeit zurückgewiesen. Die offene Wunde wird niemals heilen. Vielleicht wird sie manchmal den Verlust der geschlossenen Rosenknospe beweinen; doch die ist für immer vergangen.

Die Rückkehr des roten Lippenstifts deutet, wie ich glaube, vor allem darauf hin, daß das Gefühl der Frau, in Sicherheit zu sein, nur vorübergehend war.

›New Society‹, 1975

Süßigkeiten in Spitze

Unterwäsche dokumentiert das Vorhandensein – oder besser: das chronische Fortbestehen – der kulturellen Tabuisierung von Nacktheit, die es offenbar bei allen Völkern zu allen Zeiten gegeben hat und immer noch gibt. Als Symbol ist ein Lendenschurz oder ein fleischfarbener Bodystocking genauso viel wert wie ein Frack mit weißer Krawatte. Dennoch betrachten wir manche Menschen als splitternackt, die sich selbst angemessen, ja sogar ganz korrekt bekleidet fühlen. Andererseits würde eine Frau nicht im Traum daran denken, in einem vom Hals bis zu den Knöcheln reichenden wollenen Morgenmantel auf die Straße zu gehen, um ein Viertel Tee zu kaufen; sie fühlt sich auf provozierende Weise unbekleidet.

Robert Graves unterscheidet pedantisch zwischen zwei Arten von Kleiderlosigkeit. Das Nackte (meint er poetisch, während ich nur bleiern interpretiere) sei heilig, das Entkleidete dagegen schamlos. In anderen Worten, das heidnische Schauspiel des rituell und bewußt Unbekleideten ist die Darstellung des Menschen in seinem Zustand geheiligter Natürlichkeit und deshalb tabu.

Der Akt, als uralte Kunsttradition ist bis zur Nasenspitze gekleidet in ein unsichtbares Gewand, gewoben aus den Blicken vieler Generationen.

An anderer Stelle, in der ›Weißen Göttin‹, beschreibt Graves, wie eine junge, gottähnliche Keltin die geheimnisvolle Forderung erfüllt, vor ihrem Geliebten weder bekleidet, noch nackt zu erscheinen, indem sie sich in ein Fischernetz hüllt. Dieses Nicht-Gewand erfüllt keine der eigentlichen Funktionen der Kleidung, es schützt nicht vor den Elementen, verhüllt nicht keusch die Geschlechtsteile und ist auch nicht Statussymbol. Dennoch erfüllt es, indem es sie unterläuft, die Bedingungen des Tabus gegen völlige Nacktheit. Vergleichbar dazu, veranlaßte Baudelaire seine Freundin, sich all ihrer Kleidungsstücke zu entledigen, bis auf die Halskette. Durch den Kontrast erschien sie noch nackter, bot aber einen schützenden Talisman vor dem, was Graves die ungezügelte Macht der Göttin genannt hätte (in diesem Fall allerdings eine schwarze). Von hier bis zum magischen Déshabillé des Janet Reger Katalogs ist es nur noch ein kleiner Schritt.

Die Produktion von Reizwäsche ist im England des späten zwanzigsten Jahrhunderts, wo der Kapitalismus allmählich verdämmert, eine wachsende Branche. Der Handel mit Luxusgütern blüht in diesem besonderen Klima. Vielleicht besteht eine Verbindung zum Postimperialismus, die manche Leute wohl »dekadent« nennen würden. »Diese Kollektion ist überall dort mit Wohlwollen aufgenommen worden, wo Spitzenleistungen zur Bereicherung des Lebens geschätzt werden«, erklärt das knappe Vorwort zum Bildkatalog von Miß Regers Produkten. Auf dem Umschlag ist ein hübsches Paar Beine mit goldfarbenen Ziegenlederpantoffeln zu sehen, die in auto-erotischer Manier von einer Hand liebkost werden, deren lange, rote Fingernägel jegliche nutzbringende Arbeit verbieten. Das Ganze ist umhüllt vom dekorativen, spitzengesäumten, sich öffnenden, pfirsichfarbenen Faltenwurf eines bodenlangen Negligés; das Auge folgt automatisch der Beinlinie aufwärts bis zu einem quastenbesetzten Strumpfband, dem »Rowena G.«-Strumpfband. Passend für alle Größen. Farben: Schnee, Champagner,

Blassestgrün, Sanftapricot, Ebenholz. Das Strumpfband – kann man sich ein besseres Beispiel für ein Luxus-Pseudo-Kleidungsstück vorstellen? Die Preisliste am Ende des Versandhaus-Katalogs bietet es für £ 10 an.

Die meisten Farben dieser fetischistischen Dekorationsstücke liegen in der typischen Non-Food-Luxus-Skala, Eiscreme-Farben mit der unvermeidlichen Zugabe von Schwarz, das bei Unterwäsche aus irgendwelchen Gründen noch immer Synonym für Verworfenheit ist. Der Reger-Katalog zielt auf subtile Weise auf diese leichte Verworfenheit ab: Das Mädchen, das im »Corinna C.«-Négligé »Ebenholz« seine Beine herzeigt, hat die Arme in die Hüften gestemmt und kaum merkliche Schatten unter den Augen; und zwei weitere schwarzgekleidete Models sind dargestellt, wie sie sich auf Felldecken zurücklegen, vielleicht um so etwas wie raffinierte Sinnlichkeit anzudeuten.

Dieser sinnlich-reizvolle und kostspielige Katalog (£ 2) trägt als mit der Post zugestelltes Taschenbuch erheblich zur Bereicherung unseres Lebens durch Nicht-Kleidung bei. In sich selbst ist er schon ein Objet de luxe, eine Einladung zu wollüstigen oder narzistischen Phantasien, je nach sexueller Orientierung des Betrachters. Er wirkt in gewisser Weise fast wie die einladende Broschüre eines teuren Bordells und ist durchaus geeignet, in solchen Ländern eine gewisse Verwirrung zu stiften, wo nicht bloß Négligés, sondern auch Frauen per Post bestellt werden. Dies gehört zum Syndrom »Kurtisanen-Phantasien« der sexy berufstätigen Frau, ein Syndrom, das sich perfekt in der Zeitschrift ›Cosmopolitan‹ widerspiegelt. Die berufstätige Frau gewinnt die Weiblichkeit zurück, die sie hinter ihrem Büroschreibtisch verloren hat, indem sie wie die *grande horizontale* der frühen Colette in der Privatsphäre ihrer eigenen Wohnung herumstolziert, auch wenn niemand sie sieht.

Der erotische Aspekt ist unübersehbar. Die Models tragen Pseudo-Kleidung, eine Art Verhüllung, die sie nackter als nackt erscheinen läßt. Ein kleiner Teil ihrer Haut ist verborgen unter spärlichen Kleidungsstücken aus Stoffen, die in sich selbst die Struktur von Haut und Fleisch nachahmen – Seide, Satin, Kunstfasern, feiner Batist – ja sogar eine sublimierte, wenn auch niemals (der Himmel möge es verhindern!) reale Ansicht von Schamhaar anbieten.

Die Models sind sehr stark und herausfordernd geschminkt, so als wollten sie ihre kultivierte Flucht aus dem Natürlichen ganz besonders betonen. Auch sie sind Objets de luxe, ebenso kostspielig in der Herstellung wie die hauchzarten Zweideutigkeiten, mit denen man sie garniert hat. (Das »Leilah N.«-Nachthemd in den Farben rosa, beige, schwarz aus französischer Spitze ist wirklich nichts anderes, als eine stark verfeinerte Ausgabe des Fischernetzes, mit dem sich eine junge Keltin verhüllt.) Auch sind sie äußerst kunstvoll frisiert, wenn auch gelegentlich in einem Stil angedeuteter Unordnung, oft mit Blumen im Haar, wie für eine Schlafzimmerversion einer *fête champêtre.* So sehr sie auch für den Privatbereich bestimmt sein mögen, haben diese Kleidungsstücke doch einen ganz deutlich offiziellen Charakter.

Ich erinnere mich, irgendwo gelesen zu haben, daß sich in den Fünfzigern die jungen Models noch häufig gesträubt haben, Unterwäsche vorzuführen. Bademoden waren in Ordnung; aber für Mädchen, die etwas auf sich hielten, lag die Grenze weit vor Miedern und Höschen. Begründet wurde das damit, daß sie sich nur in Kleidungsstücken fotografieren lassen wollten, in denen sie sich unter normalen Umständen auch in der Öffentlichkeit sehen lassen würden. Diese altmodischen Skrupel scheinen verschwunden zu sein. Der herausfordernde Glamour der neuen Wäschemode (Janet Reger ist ja nur eine von mehreren Firmen) sowie gewisse gesellschaftliche Veränderungen haben ein Klima geschaffen, in dem diese Art der Pseudo-Kleidung gesellschaftlich akzeptabel geworden ist. Sie ist atemberaubend teuer, und ein hoher Preis ist schon an sich ein starkes, moralisches Antiseptikum. Die Reichen sind anders als wir. Das zielbewußte Streben nach Spitzenleistungen schaltet alle Sprödigkeit aus.

Elegante Unterwäsche ist nur ein Beispiel mehr für die Pseudo-Kleidung, die charakteristisch ist für das, was man »Hyper-Kultur« nennen könnte. Andere Beispiele sind manche Pelzarten, Abendkleider, Ballroben und echter Schmuck. Sie sind in allererster Linie demonstrativer Konsum. Aber sie erfüllen auch differenzierte, rituelle Funktionen. Sie sind das Gewand des »guten Lebens« in einem Sinn, der im Gegensatz zu dem der Öko-Fernsehberichte steht – hier geht es um das Streben nach Anti-Natur. Das umfaßt Opernbesuche, Restaurantessen, Parties und, in zunehmendem Maße, sexuelle Beziehungen, aus denen das gierige alte Es, das Tier im Mann, die Darstellung der Natur in ihrer kompromißlosesten Form gewissenhaft verbannt worden ist. In der »Hyper-Kultur« sind menschliche Beziehungen eine Kunstform.

Der feine, kostbare Flitterkram in der Wäscheabteilung von Harrods muß bei Transvestiten reißenden Absatz finden, und sie tragen ihn sicher bei bester Gesundheit. Für Transvestiten ist der Anschein des Weiblichen das grundlegend Wichtige. Mit zunehmendem Alter glaube ich immer mehr, daß es so ist. Ich erwarte jetzt nur die geschlechtslose Größe der Alten in Shaws ›Zurück zu Methusalem‹.

Natürlich ist der gesamte Begriff der »Natürlichkeit« eine kulturelle Erfindung. Er neigt dazu, in Zeiten der »Hyper-Kultur« als Gegenströmung in Erscheinung zu treten, als eine Art Korrektiv für die Exzesse derer, die das Leben als Kunstform betrachten, ohne zu wissen, was eine Kunstform überhaupt ist. Doch die Behauptung, Natur als Idee sei eine Erfindung, macht diese Idee noch nicht hinfällig. Kleidung als Anti-Natur – als Unterscheidungsmerkmal zwischen Wesen, die unter gesellschaftlichen Zwängen leben und solchen, die das nicht müssen – ist in vollem Ausmaß in jedem Zirkus zu sehen. Es ist erstaunlich, welche Menge von Pseudo-Kleidung wie Zaumzeug, Federbüschen und Quasten sogar Dressurpferde tragen, um zu zeigen, in welchem Ausmaß ihr natürliches Bedürfnis, davonzulaufen, unterdrückt worden ist. Die Beziehung zwischen der Pseudo-Bekleidung von Zirkuspferden und dem professioneller Stripper ist offensichtlich: beide sind nie völlig nackt.

Sogar die Hippies in ihrem Streben nach Entmystifizierung des menschlichen Körpers mochten sich nie völlig ausziehen. Sie konnten nie der Versuchung widerstehen, sich eine Perlenkette oder zwei umzuhängen oder sich mit Fettstiften zu bemalen. Vielleicht ist der Vormarsch der Pseudo-Kleidung ein Hinweis auf einen Touch von Anti-Kultur in der »Hyper-Kultur« selbst. Das würde wohl niemanden überraschen, der sich mit diesem vertrackten Thema beschäftigt.

Wie dem auch sei, die Komplexität der Tabuisierung von Nacktheit zeigt sich besonders deutlich im Katalog einer Firma wie Frederick's of Hollywood – in dem interessanterweise mehr Zeichnungen als Fotos benutzt werden. Die Ursache hierfür liegt wahrscheinlich in den Kosten, aber es ermöglicht auch einen weitaus höheren Grad der körperlichen Verfremdung. Bei Mr. Frederick kriegen Sie z.B. Miederhöschen mit ausgepolsterten oder »gelifteten« Pobacken und Büstenhalter, die ihren Inhalt so weit nach oben heben, daß die Brustwarzen freiliegen. Die Reizwäsche für die niederen Bedürfnisse hat eine eigene lange und düstere Geschichte.

In den frühen Sechzigern, sogar noch ehe die sexuelle Freizügigkeit die Westküste erreicht hatte, warb Mr. Frederick – Welten entfernt von *»Serenas«* französischen Höschen und *»Hatties«* Seidenschlüpfern – für den (man höre!) Pouf Slip, der vorne ein Büschel Marabufedern hatte, ähnlich dem Schwanz der Bunny-Mädchen, nur an der verkehrten Stelle. Seine knappen Mini-Bikinis waren »mit Lippen an der hübschesten Stelle bestickt«. Seinen Kundinnen machte er klar, daß Reklame sich lohnt. »Wenn Sie unser *Versuch's mal, es wird dir gefallen*-Höschen tragen, haben Sie die besten Chancen!« Das Acetat-Pseudo-Kleidungsstück (bloß keine Naturfasern!) zeigte den sinnigen Slogan unmittelbar über dem Becken. Die Mode sloganbestickter Höschen (und sogar Unterhosen) ist schon seit Jahren ein Markenzeichen des »billigen« Reizwäschemarkts. Im Laufe der Zeit werden die Slogans allerdings immer rüder.

Von allen Angeboten aus Mr. Fredericks Katalog ist das schockierendste ein »knappes Höschen aus reiner Nylonspitze« mit einem »gewagten, spitzeneingefaßten *derrière* Ausschnitt«. Er nennt diese steatophygische Geste ausgerechnet »Zurück zur Natur«. Man könnte die ganze zwiespältige Botschaft der weiblichen Reizwäsche (ob teuer oder billig oder wie sie sich in meinem Schlafzimmer findet) nicht zutreffender ausdrücken.

›New Society‹, 1977

Alle genannten Preise beziehen sich auf den Janet-Reger-Katalog von 1977.

Ein schönes Gehänge

Mit zurückhaltend schwellendem Schwanz lehnt Andrew Cooper III, der ›Playgirl‹-Mann für Juni, an der Motorhaube eines außerordentlich kraftvollen Wagens, wobei man beide, Wagen und Mann, als Studienobjekt der Potenz in potentia betrachten könnte. Das geflügelte Symbol auf dem Kühler deutet die Erektion an, deren Entfaltung der junge Mann sich schicklicherweise enthält; jedoch ist deutlich zu erkennen, daß er prächtig ausgestattet ist. Das zusammengefaltete Poster in der Mitte des Heftes zeigt ihn, erfrischt von einem Bad im Sonnenuntergangsmeer, mit weißem Frotteegewand, das über seiner emblematischen Männlichkeit klafft. Zum Vergnügen der Frauen läßt er sich auch im Tennisdress, in Jeans und T-Shirt und in einer Art chinesischem Mantel darstellen.

›Playgirl‹, das Magazin für Frauen, zeigt uns Andrew Cooper III unbekleidet, so als hätte sein Körper dieselbe Funktion wie der einer schönen Frau, aber in der Beschreibung seiner Biographie wird die männliche Sexualität in traditioneller Weise mit Geld und Macht gleichgesetzt: »Mit einundzwanzig hatte er seine erste Million.« Die biographischen Anmerkungen verleihen ihm Authentizität; er besitzt nicht nur einen Körper, sondern auch eine Geschichte. Wir lesen über seine liebenswerten Gewohnheiten; er liebt es, nackt Berge zu erklimmen. Freiheit, sagt er, bedeute ihm alles. Er läuft Wasserski wie ein Weltmeister, spielt Tennis wie der Teufel, geht mit der Kamera um wie ein Profi. Deshalb lebt er. Er hat einen seelenvollen Blick, der uns deutlich macht, daß sein Erscheinungsbild ebenso von den Postern der Rock-Stars der sechziger Jahre in Fan-Zeitschriften abgeleitet sein kann, wie von seinen lasziven Schwestern in den Titten-Magazinen, die die Beine spreizen und sich – mit Billigung der Gesellschaft – sehr viel hemmungsloser hingeben dürfen. Er sieht zu »männlich« aus, um echt zu sein. Er ist behaart wie ein Affe.

Die Poster nackter Männer in ›Playgirl‹ und ›Viva‹ üben zumindest *eine* nützliche gesellschaftliche Funktion aus: sie befriedigen die sexuelle Neugier Heranwachsender im Hinblick auf das tatsächliche Aussehen des männlichen Geschlechtsorgans, das Mädchen in der Vorpubertät nicht unerheblich beschäftigt, bis sie dann durch ihre erste Begegnung mit einem Nackten traumatisiert werden. Doch die Magazine zielen nicht auf die jungen, noch flachbrüstigen Mädchen, denn der Tonfall, mit dem die Inhalte abgehandelt werden, ist entschieden zu hochgestochen, um nur erzieherische Zwecke erfüllen zu können.

›Playgirl‹, wie auch ›Playboy‹, die allerdings nicht aus demselben Stall kommen, besitzen eine Philosophie verantwortungsbewußter sexueller Freiheit. Der Herausgeber erklärt: »Ich blase nicht in das Horn der Emanzipation der Frau, und doch bin ich nicht so dumm, zu leugnen, daß der Erfolg der Emanzipation des Individuums die Grundvoraussetzung für unser Überleben ist. Ich glaube mit allem Nachdruck an das Weibliche, und ich werde alles tun, was in meiner Macht liegt, um es zu fördern.«

Das Wesen dieses Weiblichen zeigt sich in der Werbung für Vaginaldeos, Vibratoren, schlankmachende Geräte, Busen-Wachstums-Cremes und exotische Wäsche. Eine der Anzeigen bietet z. B. »Bosom Buddies« an, offenbar künstliche Nippel, wie sie schon mindestens seit dem Directoire aus der Mode sind. »Weiche Gummi-Polster helfen der Natur nach. Natürliches Aussehen und Feeling auch unter durchsichtigen Blusen.« Es gibt einen gewissen Egalitarismus, der auch Männern diese Exzesse nicht erspart; der ›Playgirl‹-Shopping-Leitfaden schlägt vor: »Schenken Sie ihrem Mann ›Hot Pants‹ zum Vatertag. Entweder Modell ›Supercock‹ oder ›Home of the Whopper‹. 100% Baumwolle, elastischer Bund. Geben Sie Modell und Größe an (small, medium, large).« »Small« und »medium« ist bezeichnend. In einem Brief an die Arzt-Rubrik wird gefragt: »Kann man die Größe des Penis wirklich verdoppeln?«

›Viva‹, Stallgenossin von ›Penthouse‹ und ›Forum‹ marschiert ebenfalls in der Vorhut der sexuellen Revolution, ist aber weniger freimütig und eher weniger frech als ›Playgirl‹ und hat neben der Vorliebe für Weiblichkeit möglicherweise auch feministische Ambitionen, aber wie dem auch sei, die Raison d'être beider Zeitschriften ist der Pin-up-Mann in frontaler nackter Schönheit; und aus dem Zusammenhang ist ersichtlich, daß der Zweck dieser Pin-ups der aller Pin-ups ist: Sie sollen prickelndes Stimulans sein. Und die Person, die damit stimuliert werden soll, so entnehme ich dem Zusammenhang, ist die reifere, berufstätige Frau, vielleicht eine Frau wie ich.

Echt toll, sage ich Ihnen, ich kann mir nichts Schöneres vorstellen.

Die armselige Ästhetik dieser Nackten schließt jegliches erotische Versprechen des Körpers selbst aus, dabei ist jeder Körper, sogar der eines Andrew Cooper III, potentiell erotisch. Denn in der Ideologie der Blattmacher steckt der Gedanke, daß die Frau im allgemeinen Liebe sucht, und daß daher der Körper, der einer Frau gefallen soll, nicht nur spezifisch als Körper an sich dargestellt werden kann. Es ist nur allzu bekannt, daß Frauen mit »harten« Pornos nicht zu erregen sind, woraus sich ergibt, daß ein prickelndes Stimulans einen emotionalen Zuckerguß braucht. Eine Bildgeschichte in ›Viva‹ illustriert tatsächlich in süßlichen Weichzeichner-Fotos eine Hochzeitsnacht. Jerry, ›Vivas‹ »sexy Sportsegler«, zeigt auf einer ganzen Seite sein sensibles, großporiges Gesicht und spricht über Liebe: »Zuerst fühle ich mich natürlich vom Körper angezogen, doch dann gewinnt die Seele zunehmend an Bedeutung. In Wirklichkeit findet eine Beziehung im seelischen Bereich statt.« Ross, Case, Shep, Greg – diese »männlichen«, emphatischen, köstlich-brutalen Einsilber – machen sich selbst und ihren schlaffen

Schwanz eher zum Gegenstand romantischer, als erotischer Phantasien.

Die Pseudobiographien der Models in den Tittenmagazinen dagegen sind munter frisiert; Marisa, Portland und Tracy wissen, daß sie ohnehin niemand in bekleidetem Zustand wiedererkennen würde, daß sie ausschließlich als raffiniert gestaltetes Spielzeug in einem Porno-Disneyland konzipiert sind, das nicht vorgeben muß, Herz zu besitzen.

Die Ästhetik der Schwanzmagazine lautet: männlich ist schön. Jerry, »junger, unbeschwerter Meister der Wellen«, durchsegelt meisterhaft den Ozean, und steuert stolz und nackt seine Yacht. Zwei nackte Skiläufer wurden mitten im Sprung aufgenommen; sogar nackte Drachenflieger werden geboten ... die Notwendigkeit, den nackten Mann in action abzubilden, zeigt nicht nur eine auffällig Hemingwaysche Männlichkeitsvorstellung, sondern führt geradewegs ins Absurde. Es ist nicht einmal Kitsch, es ist einfach lächerlich. (›Playgirl‹ hat eine Auflage von etwa eineinhalb Millionen, ›Viva‹ etwas weniger.) Jacques Perrault läuft acht Meilen pro Tag, um sich in Form zu halten, heißt es zum Beispiel. Bei fast allen Männern zeichnet sich hell die Badehose auf ihren sonst tiefbraunen, fürchterlich behaarten Körpern ab. Sie stehen für Freude durch Kraft. Der Schönling von Muskel Beach hängt einem ebenso narzistischen Körperkult an wie die Hitlerjugend.

Und doch muß dies alles auch ein Reflex von klassischen Vorstellungen sein, wenn auch nur vage und verzerrt. Die Fotos erinnern auch an die nackten Diskuswerfer, die schönen Athleten, die Figuren auf Vasen, die Pinups aus den Umkleideräumen von Athen und Sparta, die der humanistischen Tradition so teuer sind und in den Public Schools als Versinnbildlichung des Gedankens »mens sana in corpore sano« verehrt werden.

Und so setzen ›Playgirl‹ und ›Viva‹ uns berufstätigen, reiferen Frauen als Abbilder freudvoller männlicher Sexualität ein paar Muskelprotze vor, die in den paar Jahrtausenden seit Platons Symposion noch übriggeblieben sind. Die Wunschbilder schöner Knaben, die wir besitzen, reichen offensichtlich nicht aus, um darauf eine Tradition zu begründen, vielleicht drückt sich ihnen auch zu deutlich die Vorstellung aus, daß der männliche Körper Objekt des Begehrens und Instrument der Lust sein kann – allerdings nicht für die Frau. Donatellos herrlicher ›David‹ zum Beispiel wird in den Wochenendbeilagen der Tageszeitungen als »Meisterstück homosexueller Kunst« gefeiert, also Hände weg, Mädchen! Ähnlich verhält es sich mit Michelangelos Verherrlichung verletzlicher, schmalbrüstiger Knaben und Caravaggios fettem, finsteren Bacchus mit seinem Früchtehut à la Carmen Miranda. Auf den Hochglanzseiten von ›Playgirl‹ etc. ist nicht die geringste Spur einer derartigen Vorstellungswelt zu finden. Für komplexe Sinnlichkeit fehlt der Raum, Platz ist nur für eindimensionale Männlichkeit.

Das Bild des nackten Mannes gehört in eine andere ästhetische Kategorie als das der nackten Frau. Die Nacktheit der nackten Frau ist eine Art Gewand in sich, da die lange Tradition der europäischen Kunst selbst das vulgärste Pin-up-Girl in einen schweren, wenn auch unsichtbaren Mantel von Assoziationen hüllt. Das Mädchen versteht es, nichts zu tragen; außerdem fühlt sie sich hierin so sicher, so eingehüllt, daß sie stets des Beifalls gewiß sein kann. Doch, was dem einen recht ist, muß dem anderen noch lange nicht billig sein.

Die Requisiten, die der Nacktheit des Pin-up-Girls beigegeben werden, ihr erotisches Sammelsurium von Perlen, Federn, weißen Strümpfen, schwarzen Strümpfen, Corselets, Tüchern, Corsagen, Reizhöschen und Hüten wird sanktioniert durch eine Tradition, die bis zu Cranach und weiter zurückreicht. Andrew Coopers III Bademantel aus Frottee besitzt keine vergleichbare kulturelle Tradition; seine Jeans gehören lediglich in die moderne Tradition des Porno-Kitsch, in der er so fest etabliert ist.

Der verträumte Narzißmus von Dolores und Marsha, deren eine Hand sich ständig auf ihre Scham zubewegt, hat eine direkte Verbindung zu den Darstellungen einer träumerisch-trägen Renaissance-Venus; Hélène, Natascha und Jane betrachten sich mit der intensiven Selbstzufriedenheit einer Tizian-Göttin unablässig in winzigen Handspiegeln. Bouchers Mademoiselle O'Murphy ist bereits ein ›Penthouse‹-Playgirl. Hier liegt ein zentraler Widerspruch in der europäischen Kunst: Ihre Verherrlichung des menschlichen Körpers ordnet die Besonderheiten ihres Subjekts der entpersönlichenden Idee von Nacktheit unter, und macht ihn – im Namen des Humanismus – damit zum Objekt.

Doch die Frauen ziehen trotz aller Nachteile auch Vorteile aus dieser Situation. Unsere Beziehung zum eigenen Körper ist intimer und zugleich auch abstrakter als die der meisten Männer. Eine Frau kann nackt niemals weniger als sie selbst sein, denn ihr äußerer Wert liegt eher in ihrer Haut als in ihren Kleidern. Wenn sie in nacktem Zustand auch ihren Namen verliert und zu einem ›Akt in blau‹ wird, zu einer ›Badenden‹, einer sich ›Ankleidenden Frau‹, zu einer ›Suzie‹, ›Gina‹, ›Europa‹, ›Eva‹ oder ›Venus‹, so ist diese persönliche Anonymität der Preis für ein bestimmtes Maß an Mystifizierung ihres nackten Körpers; dies bedeutet, daß sie zu einer symbolischen Macht gelangen kann, sobald sie ihre Kleider abgelegt hat, wogegen sich die symbolische Macht des Mannes in seiner Kleidung manifestiert, dem Indikator seines Status. Die Geschichte von des Kaisers neuen Kleidern würde eine andere Bedeutung bekommen, wäre die Hauptperson eine Kaiserin; die Zuschauer würden meinen, sie hätte es absichtlich getan, um dann ihre echte, weibliche Autorität ausspielen zu können.

Der ruhige und unbekümmerte Stolz, mit dem die nackte Frau seit der Renaissance ihre meist üppigen Brüste offenbart, in denen (das sollte man nicht vergessen) Liebe und Hunger sich Rendez-vous geben, weist darauf hin, daß sich, wenn schon nicht im Leben, so doch wenigstens in der Kunst, die Frauen gewiß waren, eine positive Reaktion hervorzurufen, wenn sie sich als triumphales Sinnbild für Nahrung und Sexualität, von Liebe also, darstellten. Mademoiselle O'Murphy und ihr Ebenbild Marilyn Monroe hätte vielleicht jede andere Situation recht verwirrt, aber sie wußten sehr genau, wer sie waren, wenn sie ihre Kleider auszogen; ihre Haut allein war Zeichen ihres Status, ihre Nacktheit alleiniger, aber unwiderlegbarer Anspruch auf existentielle Realität. Die männlichen Models in ›Playgirl‹ und ›Viva‹ strahlen kein derartiges Selbstvertrauen aus; und das ist auch kein Wunder.

Die Frau verfügt über ein ganz spezifisches Vokabular von Gesten und Haltungen sexuellen Ausdrucks dem Mann gegenüber, das aber umgekehrt für den Mann der Frau gegenüber nicht existiert; also posieren, unter erotischem Gesichtspunkt, Andrew Cooper III und Gerry und Woody und all die anderen Jungen umsonst.

Außerdem widersprechen sie zutiefst den kulturellen Ursprüngen. Denn es *existiert* eine Tradition des männlichen Aktes in der europäischen Kunst, und diese ist so tief in unserer Kultur verwurzelt, daß sie uns nicht einmal als Darstellung des nackten männlichen Körpers bewußt wird, was sie ja schließlich ist, auch wenn die Genitalien nicht gezeigt werden. (Das werden sie, außer in Graffiti, auch beim weiblichen Akt nicht.) Das Gegengewicht für das Sinnbild der nackten Frau als Quelle von Nahrung und Sexualität bildet das Sinnbild des nackten Mannes in physischer Qual. »Es ist kein Zufall«, sagt Kenneth Clark in ›The Nude‹, »daß der stilisierte Körper des ›vollkommenen Mannes‹ zum höchsten Symbol des europäischen Glaubens wurde.« Dennoch mußte der stilisierte Körper des »vollkommenen Mannes« zuvor zum höchsten Sinnbild des Sado-Masochismus werden, und der einzige Erbe in dieser Tradition in unserem gnädigen Zeitalter des Unglaubens ist Francis Bacon. Und es sind nicht nur einfach zweitausend Jahre der Kreuzigungen und Pietàs, die gegen den männlichen Körper als Symbol der Freude gewirkt haben; es sind die zwei Jahrtausende eines pfeildurchbohrten Heiligen Sebastian, eines Heiligen Laurentius auf dem glühenden Rost, eines zu Tode gepeitschten Heiligen Bartholomäus, eines enthaupteten Holofernes, eines Prometheus, dem die Vögel die Leber aus dem Leibe reißen – Martyrien, Exekutionen, Zerstückelungen. Marat wurde in seiner Badewanne erstochen. Kann Schönheit gegen solch ein Wüten antreten? Sicherlich nicht, solange sie sich in den schüchternen Händen männlicher Pin-ups befindet.

›New Society‹, 1975

Im Zoo

In der letzten Woche, es waren Sommerferien mit Eiscreme-Wetter, haben die Menschenaffen im Zoo wieder die gewohnten Menschenmassen mit ihren Possen und ihrem nachdenklichen, fast menschlichen Wesen angezogen. Ein Teil der Faszination des Affenhauses liegt in seiner Austauschbarkeit. Die Primaten befinden sich hinter Gittern, und wir, offensichtlich eher durch Zufall, sind diesem Schicksal entronnen; der Besuch in einem Irrenhaus des achtzehnten Jahrhunderts muß ganz ähnlich gewesen sein. Es liegt Freude in der Erleichterung, mit der wir das Affenhaus verlassen – »Gott möge uns bewahren«.

Im Londoner Zoo gibt es natürlich nur unsichtbare Gitter im Affenhaus. Die Menschenaffen leben in einem hübschen, flachen Backsteinkomplex, und ihre Apartments haben große Panoramascheiben, in denen die Besucher ihr eigenes Spiegelbild sehen, fast so, als ob sie sich innerhalb der netten Affenwohnungen mit ihren Klettergerüsten aus dem Design Center und ihrer Schöner-Wohnen-Atmosphäre befänden.

Nur ein launenhafter Zufall in der Evolution trennt Guy, den Gorilla, in seiner massiven, obsidianfarbenen Unterkunft vom Schreibtisch eines leitenden Angestellten eines internationalen Konzerns. Aber nun sitzt er in der Falle hinter seiner Glasscheibe, als befände er sich auf dem Fernsehschirm, und der Ablauf seines täglichen Lebens spielt sich vor einem unpersönlichen, neugierigen Publikum ab; er ist der Star einer Dauerbrenner-Seifenoper über das Leben eines Affen – vielleicht mit dem Titel ›Der Hüter meines Bruders‹. Die intimsten Einzelheiten seines häuslichen Lebens erscheinen auf der Bildfläche. Wenn Lomie, Guys Gefährtin einen Schlag für die Frauenbewegung führt, indem sie sich selbst als nachlässige Rabenmutter darstellt, so verursacht dies ebensoviel Aufruhr wie der Tod von Grace Archer vor ein paar Jahren. Als Lomie gegen ihren Willen von einem anderen Affen geschwängert wurde, erinnerte die ganze Episode eher an Peyton Place als an die Archers, aber die entsetzlichen

Szenen, die sich in der relativen Privatsphäre ihres Schlafzimmers abgespielt haben müssen, als ihre Zeit kam, sind uns erspart geblieben.

Nach der Geburt folgte eine besonders rührende Szene, als das Gorilla-Baby, das man abstoßenderweise »Salome« genannt hatte (warum nur?), in den Armen seines grünuniformierten Wärters gewiegt wurde, der sich für alle sichtbar in seinen Käfig gesetzt hatte. Das Gorilla-Paar rächte sich in gewisser Weise an seinen Drehbuchautoren; es erreichte, daß von ihnen einer mitspielen mußte.

Die Terminologie der Tierwärter macht einem die Analogie mit dem Irrenhaus wieder bewußt. Sie sind »Wärter« wie in der Irrenanstalt früherer Zeiten und nicht »Aufseher« wie in einem Armenhaus, obwohl auch Affen nicht am Produktionsprozeß teilnehmen. Doch die Wärter üben alles in allem keine eigentlich menschlichen Funktionen aus, obwohl sie Menschen sind. Zum Beispiel bringen sie Giraffenbabies das Laufen bei und säugen verwaiste Paviankinder mit der Flasche. Sie sind das doppelartige Bindeglied zwischen der Welt des Menschen und der Welt der Tiere, und die Tiere können durchaus die Wärter voll als Komplizen ansehen. Gleichzeitig jedoch sorgt ihre Anwesenheit dafür, uns nie die Tatsache vergessen zu lassen, daß ein Zoo eine Welt der Tiere ist, eine Welt für Tiere, allein von Menschen und nur für deren eigene Zwecke erbaut.

Die königliche Zoo-Verordnung von 1829 legt die Ziele und Bestrebungen der Zoological Society von London, der die Zoologischen Gärten von London und von Whipsnade gehören, folgendermaßen fest: »Förderung von Zoologie und Tierphysiologie sowie die Einführung neuer und seltsamer Spezies aus dem Reich der Tiere.« In den zoologischen Gärten sind die Tiere lebenden Pflanzen vergleichbar, die in Blumenbeete gepflanzt werden als Objekte für Studienzwecke und Mutmaßungen, zur Betrachtung und Anregung der Phantasie. Wie die Lilien auf dem Felde wachsen sie nicht heran zu Nahrungs- oder Arbeitszwecken. Sie besitzen eine andere Funktion, sie sind des *Da-seins* wegen da, im Sinne der besten aller denkbaren paternalistischen Utopien.

Die Mandrills im Londoner Zoo besitzen einen weitläufigen Garten zum Spielen, mit Felsen und Turnstangen, auf denen sie herumklettern können; eine Rosenhekke trennt ihn von den Besuchern, eine Hecke, die, würde sie nicht beschnitten, zu einer so hohen und dornigen Schranke heranwachsen könnte wie bei Dornröschen. Was mögen die Affen selbst in ihrem Leben als mobile Vegetation, in ihren großen Freiräumen immerwährender Muße, wohl davon halten?

Der Patriarch der Mandrill-Familie (*Mandrillus Sphinx*, Westafrika) hat tatsächlich ein Gesicht, das an eine tropische Blume erinnert. Ein sinnliches, zartrotes Maul; weiße, runde, blaugeäderte Backen, wie der Kelch einer Gloxinie; und feingeformte, spitze, kecke Ohren, die fast vollständig im dichten, gesprenkelten Fell verschwinden. Er ist der prächtigste, am wenigsten menschlich aussehende Affe und daher von außerordentlicher Würde. Wie alle gefangengehaltenen Patriarchen schreitet er unablässig die Grenzen seines Territoriums ab. Sein Hinterteil hat die Farben des Sonnenuntergangs.

Letzte Woche allerdings erschienen die meisten Hinterteile der meisten Primaten in voller Blüte; muß wohl die Jahreszeit sein. Die Geschlechtsorgane des schwarzbraunen Mangaby (*Cercocebus atys,* Westafrika) gleichen unverkennbar Mündern, wie die transponierte Öffnung in Magrittes ›Vergewaltigung‹, wund und entzündet, sichtbarer Hinweis auf eine nachhaltige Reizung der Haut. Geschlechtlichkeit. Eine Wunde. Es scheint fast, als täten sie es absichtlich.

Der Schimpansenpatriarch schreitet das Schimpansengehege ab, Runde für Runde, auf allen Vieren, sein entzündetes Hinterteil deutlich hervorragend und seine Zunge in voller Länge herausgestreckt; auf der Zunge balanciert er einen großen Klumpen hellgelben Kots, Produkt einer vegetarischen Ernährung. »Warum tut er das, Mami?« Möglicherweise auch aus unerforschlichen Gründen. Worüber *könnten* sie denn überhaupt nachdenken in ihrer permanenten Beschäftigungslosigkeit, ihren idealen Wohnbedingungen, ihrem Dasein als Objekte der Belehrung und der Belustigung?

Es gibt nette Affenhäuser und ekelhafte Affenhäuser. Je ekelhafter das Affenhaus, um so exemplarischer die Qualität des Affenlebens, um so mehr scheinen sie eine Art Primaten-Agitprop vorzuführen.

Das Paviangehege des Turiner Zoos gleicht einer Strafkolonie. Zwanzig oder dreißig Tiere sind in einer vollkommen runden, schattenlosen Betonarena untergebracht, in deren Mitte ein paar Äste eines abgestorbenen Baumes emporragen, auf denen gewöhnlich ein oder zwei reglose Paviane sitzen. Diese gelben Paviane haben einen eigenartigen, löwenähnlichen Kopf mit beinahe konkaver Nase, wütend dreinblickenden Augen und wohlgetrimmter, borstiger Mähne. Wie ein Bürstenschnitt, ein Strafgefangenen-Haarschnitt.

Es war Mittag und sehr heiß. Trotz oder gerade wegen der Hitze befanden sich die Paviane in fast unablässiger Aktivität; einige kopulierten, andere masturbierten, wieder andere staksten über den Betonboden. Viele waren damit beschäftigt, sich gegenseitig mit einer gewissen Zärtlichkeit zu entlausen, und sie verschlangen die Läuse gierig, nachdem sie sie mit mechanischem Vergnügen aus dem Fell gepickt hatten. Häufig bildeten die Läusesucher eine eifrig beschäftigte Kette von drei oder vier Pavianen. Direkt unter uns, eine Terrasse ermöglicht den Blick aus der Vogelperspektive auf diesen Mikrokosmos, konnten wir sehen, wie weiß ihre Haut ist, als ein Pavian das schüttere Fell eines anderen auseinanderhielt, und wie vernarbt von Insektenstichen.

Ihre Hinterteile standen so ungeheuer in Blüte, daß sie Probleme beim Gehen zu haben schienen. Die dünne Haut über den purpurfarbenen Fleischrundungen war so straff gespannt, daß sie den Schimmer billigen Satins angenommen hatte und aussah, als ob Eiter daraus hervorspritzen würde, wenn man mit einer Lanzette hineinstach. Diese groteske Nebenerscheinung schien auf irgendeine Weise Probleme mit der Hygiene mit sich zu bringen, denn es lag eine Menge Kot im Paviankäfig herum. Die ganze Hoffnungslosigkeit, die von diesem Käfig ausging, besaß eine deutlich anale Qualität. Genet.

Zu sehr Genet. Konrad Gesner beobachtete Paviane im sechzehnten Jahrhundert und stellte fest: »Auf ein bestimmtes Signal zeigt er seinen Hintern.« Sexuelle Aufforderung, aber auch allgemeines Zeichen von Unterwerfung. Männliche Paviane auf einer niederen Rangstufe zeigen weibliches Paarungsverhalten gegenüber Ranghöheren. »Das kleinere und jüngere Männchen kann eine ganze Menge Vorteile erwirken, wenn es sich einem mächtigeren Männchen unterwirft. Das überlegene Männchen wird seinen Favoriten vor Angriffen anderer Affen schützen. Will der stärkere Partner dem schwächeren Futter fortnehmen, wird sich ihm das jüngere Männchen häufig sexuell anbieten und als Gegenleistung das Futter behalten dürfen.« (›*Das Geschlechtsleben der Tiere*‹, Herbert Wendt).

Auf einmal hörte einer der Paviane auf, den anderen zu lausen, und hob den Kopf, als befände er sich plötzlich im Alarmzustand. Dann bellte er scharf. Alle, einer nach dem anderen, fielen ein, unterbrachen ihre jeweilige Tätigkeit und begannen zu bellen, bis alle Paviane im Käfig unisono in der stillen Mittagshitze bellten, in der die anderen Tiere des Zoos fest schliefen. Sie bellten noch lange weiter, fast eine Minute lang. Dann hörten sie auf. Drei von ihnen begannen für eine Weile gelangweilt im Laufrad herumzulaufen; die Entlausungsparties wurden fortgesetzt; einer oder zwei pickten Klumpen strohfarbenen Kots vom Boden der Betonarena auf, suchten nach unverdauten Getreidehülsen und aßen sie.

In Turin hat man die Affenhäuser stärker nach rein existentiellen Gesichtspunkten ausgerichtet als bei uns: Trauer, Verzweiflung, Entartung, Mißtrauen, Hoffnungslosigkeit. Eine Hackordnung. Eine Entlausungsordnung. Es ist leicht zu erkennen, was *diese* armen Kerle davon hielten – sie hatten einen solchen Grad der Wut erreicht, daß man ihnen niemals eine Luxussuite hätte andrehen können. Ich hatte gedacht, einer der Paviane würde einen anderen ärgern, aber als ich dann etwas genauer hinsah, merkte ich, daß der eine dem anderen auf die Schultern geklettert war, nur um so hoch wie möglich die senkrechte Fläche der vollkommen glatten Betonwand, die sie umgab, zu erklimmen.

Es gibt einen wunderschönen Zoo in Verona, der von Leuten entworfen worden zu sein schien, die die Dinge weitgehend aus der Sicht der Tiere gesehen haben. Am Eingang stand ein Hinweis: »Vorsicht – dies ist die einzige Möglichkeit für die meisten Tiere, menschliche Wesen zu beobachten. Achten Sie darauf, einen guten Eindruck zu hinterlassen.« Die Yaks konnten in einem Hügelgelände herumlaufen, Geier verbargen sich in den Zweigen echter Bäume. Neben einem schläfrigen Tiger verkündete ein anderer Hinweis didaktisch: »Wenn ein Mensch einen Tiger tötet, nennen wir es Sport; wenn ein Tiger einen Menschen tötet, nennen wir es Bestialität.«

Eine kleine Affengruppe bewohnte einen geräumigen Käfig voller Grünpflanzen; es war alles nicht aufdringlich schick, sondern grün und artgerecht. Wie in einem sehr guten Sanatorium: alles sehr ordentlich, alles sehr angemessen. Ein Pavianpärchen saß auf einem Zweig wie Darby und Joan. In einem angrenzenden Käfig machte ein schwarzer Gibbon mit weißem Bart ein paar Liegestütze.

Als er uns sah, schwang er sich an die Vorderseite seines Käfigs und schlang seine beiden langen Arme durch die Gitterstäbe, wobei er seine runzligen, bedrückend menschenähnlichen Hände auf- und zumachte, aber nicht so, als bettelte er um Futter, sondern eher, als flehte er uns inständig um etwas an. Und er muß auch gewußt haben, daß wir ihn nicht füttern würden, denn überall stand der Hinweis: »Es ist strengstens verboten, die Tiere zu füttern.« (Als ich vor langer Zeit im Zoo in Bristol gearbeitet habe, sah ich, wie ein Mann ein kleines Rhesusäffchen mit einem Kugelschreiber fütterte.) Nein. Es war, als wollte er, daß man seine Hand hielt.

Als wir ihm nicht engegenkamen, mit keiner Geste, griff er heraus nach dem Gras, das vor seinem Käfig wuchs, riß ein paar Büschel aus, alle, die er erreichen konnte, und fraß sie geräuschvoll. Also war er doch auf *Leckereien* aus! Dabei war sein Napf voll von köstlich aussehenden Früchten; hatte das Gras außerhalb seines Käfigs ein anderes Aroma? Oder wollte er das Gesicht wahren, nachdem wir nicht auf ihn eingegangen waren, wollte uns zeigen, daß ganz und gar nicht wir es waren, nach denen er gegriffen hatte?

Als wir uns jedoch vom Käfig abwandten, streckte er uns wieder die Arme entgegen, und er folgte uns, trottete neben uns her, solange es ihm in seinem bequemen Käfig möglich war, und dann verfolgte er uns immer weiter mit seinen angstvollen, sprechenden Augen, während wir uns entfernten.

Je hübscher der Zoo, um so schrecklicher.

Wenn die Dunkelheit herabsinkt und die Menschenmassen gegangen sind und die Tiere Regents Park wieder in Besitz nehmen, könnte ich mir vorstellen, daß die Mandrills manchmal zueinander sagen: »Wieviel besser als in der Wildnis sind wir doch hier dran, wenn man alle Dinge in Betracht zieht! Ordentliches Futter, regelmäßige Mahlzeiten, keine Raubtiere, keine Schlangen, kostenlose medizinische Versorgung, ein Dach über dem Kopf ... und nach all der Zeit hier könnten wir auch gar nicht mehr mit den Wilden mithalten, oder?«

So trösten sie sich selbst, vielleicht. Und vielleicht weinen sie.

›New Society‹, 1976

Diese Stücke handeln von Film und Fernsehen, doch überwiegend vom Film, und hier besonders von der Rolle der Frau im Film, betrachtet aus der Sicht des engagierten Feminismus. (Sollte ich jemals eine Tochter haben, würde ich sie nicht Simone nennen, ja nicht einmal Rosa, sondern Lulu – und Jane, nach ihrer Großmutter.)

Femmes fatales

Prinz Escerny: Können Sie sich ein höheres Lebensglück für eine Frau denken, als einen Mann vollkommen in ihrer Gewalt zu haben?
Lulu (mit den Absätzen klirrend): O ja!

Dieser aufschlußreiche Gedankenaustausch stammt aus Frank Wedekinds ›Erdgeist‹, dem ersten der beiden »Lulu«-Stücke, die nach Wedekinds Auffassung von anomalen psychologischen Phänomenen handelten, sich tatsächlich jedoch als Darstellung des alltäglichen Lebens erwiesen, wie das ja in solchen Fällen oft geschieht. Interessant an diesem kleinen Dialog in Lulus Garderobe ist die Tatsache, daß Escerny ihrer Antwort nicht die geringste Aufmerksamkeit schenkt.

Wenn er ein bißchen nachgebohrt hätte, wäre Lulu vielleicht bereit gewesen, ihm die Antwort auf jene Version des Rätsels der Sphinx – »Was will die Frau?« – zu geben, die einen gewissen Wiener Gelehrten genau in jener Zeit beschäftigte. Doch diese Frage beschäftigt Escerny nicht. Auf Umwegen teilt er Lulu mit, was *er* will, was wiederum für sie seine Vernichtung bedeutet. Da sie ein gutmütiges Mädchen ist, wäre sie wahrscheinlich bereit, seinem Begehren nachzukommen, wäre da nicht die Forderung der Handlung, die sie nun fortreißen muß in einen Strudel von Lesbiertum, Mord, Inzest, mit einer krönenden Endkrise in den Händen von Jack the Ripper. Vermutlich glaubte Wedekind, daß ein attraktives Mädchen wie Lulu dies tatsächlich einem angenehmen Leben vorziehen würde.

Doch Wedekind selbst kann Lulu keinen Rat erteilen, soweit es das Wesen ihrer eigenen realen Wünsche betrifft, da sie nur als wilder Schatten seiner eigenen Vorstellungen existiert. Doch er läßt sie wenigstens eine Art Leben führen, das jenseits seiner Vorstellungskraft lag; es blieb einer außerordentlichen Schauspielerin und einem außergewöhnlichen Regisseur vorbehalten, dieses Leben zu beleuchten und zu zeigen, daß es im völligen Gegensatz zum Text steht.

Pabsts Leinwandfassung der Lulu-Stücke, ›Die Büchse der Pandora‹, wird immer eines der großen Beispiele des Kultur-Mythos der Femme fatale bleiben. Es ist ein besonders bösartiger, wenn auch zugleich schmeichelhafter Mythos, den Pabst und sein Star Louise Brooks sich ausgedacht haben, um sowohl dessen unausweichlichen Ablauf als auch seine offensichtliche Absurdität darzulegen.

Dieses besondere Stück emotionaler Dialektik ist gerade im National Theatre als Beispiel aus der Zeit des Surrealismus gezeigt worden. Die Brooks ist die größte aller Liebesgöttinnen des Surrealismus und hat ihren Sitz im Pantheon sogar noch oberhalb der Dietrich und Barbara Stelles, da sie die subversive Gewalt verkörpert, die der Schönheit innewohnt, aber gleichzeitig auch ein heiteres Gemüt. Sie ist keineswegs mehrdeutiges, sondern vielmehr positiv-strahlendes, ganz eindeutiges Objekt der Begierde – sie lebt, sicher konserviert, in der fragilen Ewigkeit der Filmarchive, die, wie Octavio Paz sagte, wegen ihrer totalen Transparenz die geheimnisvollste von allen ist. Und wirklich, Lulu ist so durchsichtig wie der Sonnenschein; deshalb holt ihre Gegenwart allen geistigen Unrat aus den Ecken hervor. Dann schiebt man ihr die Schuld an dem Unrat zu, dem armen Mädchen.

Weder Zeit noch Permissivität konnten das Medium und die Botschaft um einen Deut verändern. Das Gesicht und die Präsenz der Brooks bleiben einzigartig; bei Gott, man sollte denken, daß sie in ihrer Art wirklich Frau genug war, dennoch wollte niemand sie auch nur einen Augenblick lang allein lassen. Begierde erhöht nicht so sehr ihr Objekt, sondern ignoriert es vielmehr zugunsten einer Phantasienachbildung. Dieser Prozeß bewirkt, daß die *femme* mit *fatalité* ausgestattet wird. Weil sie nicht als sie selbst wahrgenommen wird, sondern als Projektion solcher libidinösen Sehnsüchte, die sich, da sie nun einmal verboten sind, stets als fatal erweisen müssen. Also verschwindet Lulu mit der Gräfin und stellt für ihren Stiefsohn zwangsläufig eine ödipale Situation her, als sie dessen Vater erschießt.

Unausgesprochen lebt die Überzeugung, die Frau habe für die Liebe zu leben, auch in der Idee von der Femme fatale fort, selbst wenn das Verhalten der Femme fatale ständiger Beweis für das Gegenteil ist. Der wesentlichste Widerspruch, der dem Phänomen der Femme fatale innewohnt, besteht jedoch darin, daß sie, obgleich sie für die Liebe und oft auch mit ihrer Hilfe zu leben scheint, in Wirklichkeit unfähig zur Liebe ist. Zumindest heißt es so.

Lulu verkündet immer wieder vergnügt, sie sei nie verliebt gewesen. Nach Wedekind ist dies der wesentliche Punkt, der bei ihr nicht in Ordnung war. Also, kein Herz. Eine hübsche Blume, nur leider ohne Duft. Ihre Loyalität alten Freunden gegenüber; die Treue zu ihrem ersten Verführer, dem abstoßenden Schön; ihre Bereitschaft, den Adoptivvater und den entkräfteten Stiefsohn durch Prostitution, die ihr eigentlich zuwider ist, zu unterhalten – Wedekind berichtet über all dies, kann darin jedoch keinerlei Beweis für menschliches Empfinden entdecken. Sie ist passives Instrument des Lasters, sagt er, nichts weiter.

Pabst konzentriert sich auf die physische Integrität seiner Hauptperson, und so verändert sich die Handlung. Lulus negative Tugend, ihre Unfähigkeit zur Heuchelei, beleuchtet die geistige Entartung bei allen anderen Charakteren des Films, mit Ausnahme vielleicht des ehrlichen, ägyptischen Bordellbesitzers. Dieses leichte Ungleichgewicht entstand zum Teil dadurch, daß Pabst die Rolle der lesbischen Gräfin, die Lulu weniger heimtückisch als alle anderen ausbeutete, reduzieren mußte. Die Heuchelei der Zensur hat daher nur dazu gedient, noch hervorzuheben, daß es in dem Film eigentlich um Heuchelei geht.

Natürlich gibt es nicht eine, sondern zwei klassische Femmes fatales im deutschen, expressionistischen Film, und wenn Louise Brooks diejenige mit der magischeren Ausstrahlung ist, so ist Marlene Dietrich die lakonischere. In jedem Punkt ist die eine das Spiegelbild der anderen, genau wie ihre Namen – Lulu, Lola-Lola – einander ironisches Echo sind. Die Dietrich stand auf Pabsts Liste an zweiter Stelle für den Fall, daß Paramount Louise Brooks nicht freigegeben hätte. ›Die Büchse der Pandora‹ ist ein Stummfilm; die Brooks spricht mit ihrem Körper. Das Bild der Dietrich in ›Der blaue Engel‹ ist unauflöslich verbunden mit ihrer belegten, sardonischen Stimme. ›Der blaue Engel‹ von Josef von Sternberg, geborener Jonas Sternberg aus Wien, machte die Dietrich nicht zur Kultfigur und Legende, sondern zu einem bedeutenden Sinnbild kultureller Vorstellungen des zwanzigsten Jahrhunderts; heiter, herzlos, androgyn, eine wundervolle Kobra, bereit zum Angriff und so weiter. Diese merkwürdige Transformation des eigentlichen Charakters im Film wird auch hier bewirkt durch jene seltsamen Projektionen des Begehrens, die aus Lola-Lola einen Transvestiten gemacht haben.

Im didaktischen Mittelpunkt von Pabsts abstraktem Melodram der bourgeoisen Heuchelei steht der lyrische Naturalismus, wie ihn die Amerikanerin Brooks verkörpert. Dies ist Teil der künstlerischen Spannung im Film. Das größte Kleinod im formalen Rokoko von Sternbergs Parodie auf das Leben in der Provinz ist in der Tat eine virtuose Vorführung von drastischem Realismus – die Dietrich als attraktive, phantasielose Varieté-Sängerin, die in einem Anflug von Schwäche einen langweiligen, alten Kerl heiratet, dies ständig bereut und dennoch zu weichherzig ist, ihn wirklich hinauszuwerfen, bis seine Trübsinnigkeit, seine Zornesausbrüche und seine Trägheit ihr schließlich unerträglich werden. Wenn das die Geschichte einer Femme fatale ist, dann sind einige meiner besten Freundinnen Femmes fatales, und jeder, der sich von ihnen mißbraucht fühlt, darf nur sich selbst die Schuld daran geben.

Auch Lola-Lola kann nicht lieben. Sie ist viel zu sensibel. Sie singt »Ich bin von Kopf bis Fuß auf Liebe eingestellt« mit der ironischen Maßlosigkeit einer Frau, die auf dem Weg zu einem sentimentalen Zwischenspiel ist, das ihr ein wenig Vergnügen, kaum aber dauerhaften Nutzen bringen kann. Ihr Blick ist der eines Menschen, der einen kurzen Urlaub plant. Um so schlimmer für den unglücklichen Professor, der eitel genug ist, zu glauben, sie schenkte sich ihm ganz und gar. Was nun ihn betrifft, ist er selbst denn menschlicher Empfindungen so sehr fähig?

Er macht Lola-Lola erst einen Heiratsantrag (»Solche Frauen heiratet man nicht«, sagt Schön, ihr Verführer, über Lulu), als er sich ihretwegen zum Gespött gemacht und seinen Posten verloren hat. Denkt er vielleicht, sie sei ihm das nun schuldig? Warum? Diese Heirat mit Lola-Lola macht weniger den Eindruck der Hingabe an eine schicksalhafte Leidenschaft als des Griffes nach der Möglichkeit, sich auf Lebenszeit stets an einen gedeckten Tisch setzen zu können. Es ist mir völlig unbegreiflich, wie man diesen Film jemals als Tragödie eines aufrechten Kleinstadtbürgers betrachten konnte, den der unheilvolle Einfluß eines Flittchens zugrundegerichtet hat. Der Professor ist zu Beginn ein Scheusal und ist es auch am Ende noch; er hat Lola-Lola ein wenig härter gemacht, und vielleicht ist das ihre Tragödie, doch erkennbar wird sie nie darüber nachdenken. Auch wird der Härtungsprozeß sie nicht umbringen, wie das bei Lulu der Fall ist.

Die Lola-Lola der Dietrich ist selbstverständlich genauso ein Wunderwerk des Films, und sicherlich dient sie mit ihrem ungebrochenen Selbstvertrauen als Projektion der Femme fatale. Und sie ist in weitaus höherem Maße ein Affront gegen das männliche Selbstwertgefühl, als Lulu es jemals sein konnte, denn Lulu ist ein Kind der Natur und keine berufstätige Frau. Sie besitzt nur ein sehr schwach ausgeprägtes Selbstwertgefühl. Daher kann ›Die Büchse der Pandora‹ niemals auf so brutale Weise mißinterpretiert werden wie ›Der Blaue Engel‹. Ich habe nur eine einzige Interpretation von ›Der blaue Engel‹ gesehen, die dem Film zu entsprechen schien, den ich gesehen habe, und das ist die des Surrealisten Ado Kyrou.

Kyrou ist allerdings so bouleversé von Lola-Lola, daß er übertreibt. Er kann einfach Emil Jannings Glück nicht fassen. Die berühmte Szene, die oft als Höhepunkt der Demütigung des zum Clown gewordenen Ex-Professors betrachtet wird, in der er Marlene Dietrich beim Anziehen ihrer Strümpfe hilft: Kyrou zittert und stottert schon allein bei dem Gedanken. Gibt es einen lebendigen Mann, der es nicht als höchstes erstrebenswertes Schicksal betrachten würde, ein Leben lang Marlene Dietrich beim Anziehen ihrer *Strümpfe* behiflich sein zu dürfen? Kyrou kann es kaum ertragen; er würde am liebsten mitten durch die Leinwand springen, Emil Jannings aus der Szene boxen und zärtlich dessen Platz zu ihren Füßen einnehmen. Die eigentliche Tragödie des Professors, meint Kyrou, liegt darin, daß er, wenn schon keine echte Liebe, so doch wenigstens ein brauchbares Trugbild von Liebe von einer Frau erhält, die eigentlich ein ausgeprägteres Bemühen verdient hätte; aber er ist ein zu großer Dummkopf, um das überhaupt zu begreifen.

»Das Weib blüht für uns in dem Moment, wo es den Menschen auf Lebenszeit ins Verderben stürzen soll. Das ist nun einmal so seine Naturbestimmung“, bemerkt der rückgratlose Weichling Alwa Schön in Wedekinds Theaterstück. Der schreckliche Professor hätte dasselbe sagen können. Aber was geschieht mit ihrem eigenen Leben, wenn sie nach dem Zusarnmenbruch überhaupt am Leben bleibt? Das ist die Lücke im Szenario, die sie, falls es ihr gelingt, dem Chaos zu entkommen, selbst ausfüllen muß. Die pragmatische Dietrich packt ihre Koffer und geht mit einem sympathischen Komödianten davon, der nicht mehr von ihr verlangen wird, als sie bereit ist, zu geben. Die eher metaphysische Lulu dagegen kann nur den Tod erwarten, als wäre er eine Art Gnade.

Dann wird Lulu, die sich immer gesträubt hat, den Körper, den sie als unveräußerlichen Besitz betrachtete, zu verkaufen, von einem Sexbesessenen ermordet, von einem Mann, den Repression zu einer monströsen Geißel der Huren gemacht hat; und das auch noch am Heiligen Abend. Armes Mädchen. Sie zahlt den Preis dafür, daß sie Sexualität ohne Repression in einer Gesellschaft auslebt, in der Sexualität zum Zerrbild ihrer selbst wird. Dies ist die eigentliche Ursache des Verhängnisses der Femme fatale: sie lebt ihr Leben so, daß ihre Freiheit den anderen deren Mangel an Freiheit offenbart. Also ist ihre Sexualität tatsächlich destruktiv, nicht in sich selbst, aber in ihren Auswirkungen.

Repressive Entmystifizierung – d.h. Permissivität – verleiht der ganzen Idee von der Femme fatale einen eher historischen Charakter. Das hat seine Ursache allerdings nur darin, daß das Ausleben einer eigenständigen weiblichen Sexualität nicht mehr tabu ist. Um diesen Punkt noch zu verdeutlichen: In einem Remake von ›Die Büchse der Pandora‹ und sogar von ›Der blaue Engel‹ sollte vielleicht ein hübscher Junge die Rolle der Femme fatale spielen. Fassbinder könnte die Regie übernehmen. Die Bedeutung der Femme fatale liegt nicht in ihrem Geschlecht, sondern in ihrer Freiheit.

›New Society‹, 1978

Japanische Erotika

Der Kugelfisch *(fugu)* ist *die* kulinarische Spezialität in Japan, der größte Festschmaus überhaupt, aber man sollte sich ihm auch mit Vorsicht nähern. Er ist außerordentlich schmackhaft, eine Freude für das Auge, unverschämt teuer, und wenn man nicht aufpaßt, bringt er einen – Höhepunkt des Sinnenreizes – um. Einige seiner inneren Organe sind tödlich giftig. Die Japaner haben zum Kugelfisch eine Einstellung, die ihrer Einstellung gegenüber der Liebe zu Frauen gleicht.

Vielleicht wäre ›Das Kugelfisch-Fest‹ ein geeigneterer Titel für Nagisa Oshimas aufwendiges, historisches Stück gewesen – man kann es nicht Kostümdrama nennen, da die Hauptakteure gewöhnlich unbekleidet auftreten (ganz im Gegensatz zur langen Tradition japanischer Erotik). ›Die Stierkampfarena der Liebe‹ ist eine derbe Übersetzung von ›Ai No Corrida‹*, wenn auch das Bild der Arena den erotischen Antagonismus zwischen Mann und Frau zum Ausdruck bringt, den der Film so ausführlich darstellt: Sex als Zurschaustellung athletischer Ge-

* Deutsch unter dem Titel ›Im Reich der Sinne‹.

schicklichkeit und körperlicher Vitalität, in der der Mann der ungeschickte, geistlose, phallische Stier ist, das Instrument weiblichen Vergnügens, passives, bewunderndes Opfer, unablässig begehrt und leicht erschöpfbar. Und die Frau, der Torero, erfährt ihren letzten Orgasmus durch den Coup de grâce, mit dem sie ihn entläßt.

Doch so einfach ist das nicht.

Gut, Kichi wußte, was auf ihn zukam, genau wie jemand, der absichtlich außerhalb der Saison einen Kugelfisch verzehrt, weiß, daß er riskiert, seinen Verdauungsschlaf in der Leichenhalle zu halten. Und in Japan ist allein die Leichenhalle das angemessene und wahrhaftige Ziel einer Leidenschaft. Gastwirte in der Nähe berühmter Wasserfälle, Klippen oder Vulkane (Liebesselbstmord liebt schöne Plätze) lehnen es wohlweislich ab, Zimmer an junge Paare zu vermieten, die spät und entgegen den guten Sitten Hand in Hand ankommen und sich allein schon durch fehlendes Gepäck verdächtig machen.

In einem Land, das glücklicherweise frei ist vom Bewußtsein einer Erbsünde, ist Ethik Teil des Sozialisierungsprozesses. Eine Gesellschaft, in der traditionsbedingt das gemeinsame Ziel das Wohl aller ist und Heirat eine vernunftsmäßige Verbindung darstellt, ist es erotische Leidenschaft, die den Kommunarden zum bourgeoisen Individualisten macht. Durch sie wird Oshimas Kichi vom selbstzufriedenen Hengst zum heruntergekommenen Mordopfer, Sada vom unterwürfigen Dienstmädchen zur geistig umnachteten Castratrix.

Befriedigung der Libido kann mit rückhaltloser Leidenschaft verfolgt werden, und niemand wird sich darum kümmern. Die einzigartige Bestätigung des Selbst in erotischer Leidenschaft ist weltliche Sünde, die nach selbstzugefügter Strafe sucht. Daraus folgert, daß in einem gewissen Sinn allein schon ein Sich-Verlieben ein Akt der Rebellion gegen die Gesellschaft ist, wie das die Surrealisten schon immer betont haben. Doch die Liebenden von ›Ai No Corrida‹ sind sich des Wesens der Gesellschaft, aus der sie sich in eine emotionale Abgeschiedenheit zurückziehen, nicht bewußt. Man könnte sie Rebellen ohne Grund und Ziel nennen.

Die Ereignisse, die in ›Ai No Corrida‹ beschrieben

werden, fanden 1936 statt, als Japan mitten in einer imperialistischen Expansion die Linken mittels einer Reihe von Ermordungen ausschaltete und sich auf den Krieg vorbereitete. Eine Zeit des Zorns, der Hoffnungslosigkeit, Gewalt, Hysterie und Frustration. In diesem Zusammenhang ist die Story von Sada zu sehen.

Sadas Story ist, wie alle, die Filmzeitschriften lesen, wissen werden, folgende: Dienstmädchen läuft mit Ehemann der Herrin davon und erwürgt ihn schließlich im Verlauf von Sexspielen. (Unfälle passieren nun einmal.) Was dann geschah, kommt mir vor, als gehörte es ausschließlich in den Bereich der Psychopathologie: Sie schnitt ihm den Penis ab, schrieb SADA UND KICHI-SAN AUF EWIG VEREINT mit Blut auf seinen bedauernswerten Körper, wickelte seinen Penis in ein Taschentuch und wurde nach ein paar Tagen aufgegriffen, wie sie in den Straßen von Tokio umherwanderte, die blutige Relique an ihren Busen gepreßt. Der Polizei erklärte sie, sie habe ihn abgeschnitten, weil sie nicht wollte, daß er mit einer anderen Frau schläft. Sie erhielt eine sehr geringe Gefängnisstrafe, weil, so erzählte man mir, die meisten Leute sie für verrückt hielten – eine einleuchtende Hypothese, der Oshima nicht weiter nachging. Sie beschloß ihre Tage, glaube ich, wieder als Dienstmädchen, diesmal in einem Gasthaus. Die Leute kamen von weither, um sich von ihr Sake einschenken zu lassen.

Es ist eine besonders bizarre Variante des klassischen Themas »Liebesselbstmord«; ihr mildes Urteil, die, wenn auch mit Entsetzen gepaarte, Leichtfertigkeit, mit der ihr Verbrechen erörtert wird, läßt den Mangel an Ernsthaftigkeit erkennen, mit dem die Frau in diesem Land behandelt wird. Oshima behandelt sie sicher nicht leichtfertig. Er behandelt sie mit einer derart tragischen Feierlichkeit, daß der Film in mir den Wunsch weckte, Männer sollten einfach aufhören, Filme über weibliche Sexualität zu machen, solange sie sich von ihr bedroht fühlen, denn selbst entgegen ihrer besten Absicht können sie in alte Mechanismen verfallen.

Als ich aus dem Gate Cinema kam, nachdem Sada schließlich nach einem endlos ausgedehnten Vorspiel den armen Kerl stranguliert und kastriert hatte, hörte ich zufällig, wie irgendein Idiot brüllte: »Das war mir aber einmal eine befreite Dame!« Als wäre erotischer Antifeminismus nicht eines der großen Versatzstücke aller romantischen Kunst, und als hätten wir nicht gerade eine besonders schillernde Verherrlichung davon gesehen. Soweit ich weiß, glaubt Oshima tatsächlich selbst daran, daß seine Heldin eine Lanze für die Frauen in der ganzen Welt gebrochen habe, als sie ihren Liebhaber erdrosselte, auch wenn er dann die Schauspielerin, die die Rolle spielt, zu einer geistig umnachteten Fanatikerin mit wirrem Haar und irrem Lächeln werden läßt und sie in einen Kimono vom blutigsten, unheilverkündendsten Rot hüllt.

Dann läßt er sie sich über die Leiche stellen in einer Haltung, die eindeutig an Max Ernsts Kastrationsgemälde ›Die Entführung der Braut‹ erinnert, und verzückt ihr überdimensionales Messer ansehen. Ich weiß, Kichi-san hat darum gebeten, aber heißt das denn, daß ein Mädchen ihm nachgeben muß? Muß weibliche Unterwerfung so weit gehen?

›Ai No Corrida‹ ist ein pornographischer Film. Ich verstehe nicht, warum man diskutieren muß, ob er es ist, oder nicht, oder überhaupt darüber nachdenken soll. Filme über Leute, die Sex haben, sind auf dieselbe Weise Pornographie, wie Filme über Cowboys Western sind; es ist eine Bezeichnung, kein Werturteil. (Schließlich hat man sogar die ›Love Story‹ als obszön bezeichnet.) Die meisten der großen Filmemacher (zu denen Oshima gehört) haben in den siebziger Jahren pornographische Filme gemacht, und ich glaube nicht, daß das ausschließlich aus Marktbedürfnissen heraus erfolgte. Sexualität war bis dahin ein Tabubereich der menschlichen Erfahrungen, der heute zum Nutzen eines großen Publikums erforscht werden kann. Sie hebt stets auf besonders provokative Weise das Wesen der Beziehung zwischen Individuum und Gesellschaft hervor. Dies ist einer der Gründe, warum Pornographie als Genre Radikale anzieht. Pornographie wirft jedoch eine Reihe künstlerischer Probleme auf – nicht zuletzt, weil sie noch striktere intellektuelle Grenzen steckt als der Western. Außerdem schließt sie zwangsläufig eine Auseinandersetzung mit dem Wesen des Realismus ein.

Da nun Pornographie fast stärker noch als jedes andere

Filmgenre abhängig ist von der in der Luft liegenden Ungläubigkeit des Publikums, muß dieses durch eine sanfte sozusagen unsichtbare photographische Technik davon überzeugt werden, daß es tatsächlich einem Paar beim Bumsen (oder bei dem, was es sonst gerade tun mag) zusieht. Doch zugleich muß das Publikum auch durch eine Vielfalt von Möglichkeiten – Oshima verwendet eine besonders starke Überlagerung mit historischen Japonaiserie-Details – daran gehindert werden, sich zu fragen, ob das Paar, dem sie zusehen, auch wirklich bumst. Denn fängt man erst an, sich zu fragen, ob die Personen, z.B. Sada und Kichi, es tatsächlich im Studio treiben, ist sofort die Illusion der Realität zerstört. Und ist diese Illusion erst zerstört, entgleitet dem Regisseur die gesamte künstlerische Kontrolle seines Vorhabens.

Das schöne Bild von der Intimität Liebender wird überlagert vom Bild geschäftigen Treibens unzähliger Leute im hellerleuchteten Filmstudio. Wir sind nicht mehr heimliche Lauscher in Sachen Begierde; statt dessen betrachten wir eine ausgeklügelte mimische Paraphrase der Begierde, den Anschein von Realismus, der *per se* unrealistisch ist. Und selbst wenn sie es *tun*, betrachten wir nicht *sie* dabei. Wir sehen die Leute, die vorgeben es zu tun; das gehört zu dem Handel, den wir eingegangen sind, als wir das Kino betraten. Doch alles, was wir sehen, ist unecht; alles hat eine andere Bedeutung als das Spektakel vor unseren Augen, und das Genre selbst leugnet, daß wir diese Bedeutung erkennen!

Also spielt der Filmemacher gezwungenermaßen ein Spiel mit der Wahrnehmung des Publikums von seinem Werk, das er jedoch, im Interesse der wesentlichsten und wahrscheinlich zugleich einschränkendsten Regel der Pornographie – nämlich die Dinge so real aussehen zu lassen, wie nur möglich – niemals zugeben könnte. In ›Casanova‹ beschäftigte sich Fellini mit der ihm eigenen Intensität mit der Darstellung verfremdeter Sexualität. Donald Sutherland zog nie seine Hose aus, seine verschiedenen Abenteuer fanden in stilistischer Mimik und großer Geschwindigkeit statt. Die Wirkung war hart, satirisch und anti-erotisch – so als wollte er sagen, repressive Entsublimierung führt niemals schnell zum Ziel. Dennoch ist ›Casanova‹ kein puritanischer Film, wogegen ›Ai No Corrida‹ mit seiner Fülle fiktiver Kopulationen zutiefst puritanisch *ist.* Kein Film mit der zentralen Botschaft, daß der Preis befriedigten Verlangens Wahnsinn und Tod sind, kann anders als puritanisch sein. Der Gedanke, daß Liebe im Tod dessen enden muß, auf den als Objekt sich das Verlangen des anderen richtet, ist die Verfeinerung der Vorstellung von sexueller Liebe als Vergehen, wie sie nicht nur im jüdisch-christlichen Kulturkreis vorkommt. Falls der Film als Kritik an der gesellschaftlichen Grundlage dieser Vorstellung gedacht ist, dann glaube ich einfach, daß pornographischer Realismus nicht das geeignete Mittel für diese Art Vorgabe ist.

Ziemlich am Anfang des Films gibt es eine Sequenz, in der mehrere Kinder das Gewand eines schlafenden Landstreichers mit japanischen Fähnchen zurückschlagen; sie legen sein alterndes Werkzeug bloß. Dieses bewerfen sie mit Schneebällen. Oshimas sonstige Filme machen sehr freizügig Gebrauch von expressionistischen Kunstgriffen, und diese außergewöhnliche Metapher bestimmt den Film, so daß ich mich frage: Was will er mit all dieser Bumserei sagen, was will er *sagen?* Der symbolhafte Landstreicher kann ihn beim Anblick von Sadas sorglos enthüllter Nacktheit nicht hochkriegen. Vielleicht ist ›Ai No Corrida‹ ein Film über eine weniger spezifische Art von Unzulänglichkeit, als die, mit der sich Kichi – und wer wollte ihm das verübeln – am Ende darstellt. Über Liberalismus, vielleicht? Oder worüber sonst? Über weibliche Sexualität jedenfalls nicht, wenn auch die männliche Angst vor ihr eine Rolle spielt.

Es ist letztlich bittere Ironie, daß Oshima, der ein paar überaus ernstzunehmende Filme über das moderne Japan gemacht hat, seinen Durchbruch zu kritischer Anerkennung im Westen nur mit einem Film erreicht hat, der westliche Klischeevorstellungen von japanischer Kultur vor einem historischen Hochglanzhintergrund zementiert. Oshima selbst ist sich dieser Ironie vielleicht bewußt.

›New Society‹, 1978

Sehen Sie, wenn man nicht begreift, was so unwiderstehlich ist an Clark »Riesenohr« Gables irrlichterndem Grinsen, dann geht einem viel vom Reiz des Films ›Vom Winde verweht‹ verloren. Wenn einem außerdem Vivien Leighs herausgeputzte Scarlett O'Hara als die unglaubwürdigste von Hollywoods Femmes fatales erscheint, deren ungeduldiges Quieken obendrein meist nur für Fledermäuse hörbar ist...

Und wenn man schließlich *überhaupt* nichts Romantisches an dieser mehr als feudalen Düsternis des alten Südens finden kann, dann, oh, dann bleibt einem von diesem berühmtesten Film, der je gedreht wurde, nur die nackte Sexualideologie in all ihrer künstlichen Vereinfachung. Macho-Gewalt gegen weibliche List, Stier gegen Hure.

Zum erstenmal habe ich dieses bombastische Epos in den fünfziger Jahren gesehen, bei einer der zahlreichen Gelegenheiten, bei der man die alten Filmspulen entstaubt und das Werk wieder auf den Weg geschickt hat, um einer neuen Generation den Verstand zu vernebeln. Obwohl ich damals noch ein Kind in kurzen Hosen war, dachte ich völlig unbewußt und ehrlich, daß es zum Himmel stank. Aber – ich gehörte zu der Generation, deren sexuelle Phantasien geprägt waren von Elvis Presley und James Dean.

Presley, weißer Schund mit schwarzem Stil, mit seiner dicklichen, geschlechtslosen, sich windenden Persönlichkeit, ist selbst der Barbar am Tor zur Tara – um von Unwiderstehlichkeit zu sprechen, könnte denn selbst Scarlett noch widerstanden haben, hätte er sie so flehentlich gebeten, ihr Teddybär sein zu dürfen? Was nun Dean angeht – unmöglich sich vorzustellen, daß er ein Mädchen die Treppe hinauf trägt. Ich habe mir in meinen Phantasien eher vorgestellt, das mit *ihm* zu tun. Sechsundfünfzig war vielleicht das beste Jahr, um sich ›Vom Winde verweht‹ anzusehen.

Doch nun die große Frage: Warum, ja warum nur, hat die BBC beschlossen, ›Vom Winde verweht‹, diesen ehrwürdigen Sack voll verkrampften Schrotts gerade zu jenem Zeitpunkt auszuleeren? Mehr noch – warum hat die BBC beschlossen, mit dieser Sache am Ende der Weihnachtszeit Nikolaus zu spielen, wenn die Wahrnehmungsfähigkeit, durch Schund und Alkohol ohnehin schon getrübt, als ganz besonders schutzlos betrachtet werden muß? Unmöglich, den Braten nicht zu riechen. Teil einer Gegenreaktion auf Women's Lib?

Ich finde, dieser Film, der berühmt ist wegen seiner Berühmtheit, stinkt noch immer: Er reduziert den Amerikanischen Bürgerkrieg auf den Status eines Spektakels (die Einstellung Hollywoods zu Krieg, die ihren Höhepunkt in ›Apokalypse now‹ findet). Er preist die masochistischen Freuden des Gefesseltwerdens – haben Sie bemerkt, wie oft Mammy gezeigt wird, während sie Scarlett brutal in ihr Korsett verschnürt? Was für ein Bild ist das?

Aber, zum Teufel, wie lustig ist das! Ich kringelte mich hoffnungslos kichernd in meinem Sessel und murmelte schwach alle fünf Minuten, manchmal auch öfters: »Tritt ihm gegen das Schienbein.«

Wessen Schienbein? Nun offenbar Ashley Wilkes!

Was für eine miese Kreatur. *Nicht* so Big Sam, praktisch der beste Mann auf der ganzen Plantage, der sogar Onkel Tom das Wasser reichen kann; er ist so offensichtlich Vaterfigur, daß ich nicht einsehen kann, warum Scarlett, vaterfixiert, wie sie nun einmal ist, nicht *ihn* heiratet und damit der ganzen Handlung eine neue Dimension verleiht.

Aber natürlich scheint Rhett Butlers Schienbein am ehesten reif für diese Behandlung. Rhett Butler und seine Hausierermasche: »Du mußt oft geküßt werden, von jemandem, der etwas davon versteht.« Das ist die authentische Sprache eines sexuell inkompetenten Mannes, der im Dunkeln pfeift; aber ich will mich nicht in diesen Gedanken vertiefen, sonst tut er mir am Ende noch leid. Aber wem könnte schon ein Mann leid tun, der sagt, als es schließlich zum Clinch kommt: »Das ist es, wofür du bestimmt bist.«?

Da nun Scarlett als verhinderte Maggie Thatcher charakterisiert ist, hätte ich gedacht, sie wäre eher für ein hohes Amt als für niedere Anzüglichkeiten bestimmt.

Und will man dem Film nun gerecht werden, so kann man indirekt am Skript ablesen, wie unwohl sich Scarlett in der Rolle fühlt, die der Plot ihr zugewiesen hat. Gibt man ihr irgendeine andere Chance als die der Südstaaten-Schönen, und sei es nur die einer armen weißen Farmerin, so greift sie mit beiden Händen danach. Ihre sexuellen Manipulationen scheinen eher nackter Langeweile zu entspringen als wirklicher Boshaftigkeit, eher der enttäuschten Absicht eines verhinderten Unternehmers von der Art, die dem Ruf des Kapitalismus Schaden zugefügt hat. Sie ist nicht aus sexueller Frustration untreu geworden (so ein altes Ammenmärchen!), sondern aus existentieller Frustration.

Schließlich läuft sie von dem Moment an, in dem sie das Sägewerk in die Hände bekommt, zu Hochform auf, so daß Rhett nicht weiß, wie er sie bremsen soll.

Und doch bewegt sich all dies im Bereich der hinlänglich bekannten Ideologie des Films. Und die ist sehr einfach – kaum mehr als ›Der Widerspenstigen Zähmung‹ in Reifröcken. Doch in einem Film, der so außergewöhnlich lang ist, hat der Zuschauer reichlich Zeit, über das durch die Gesellschaft bestimmte Wesen der Widerspenstigen nachzudenken; meistens handelt es sich dabei um eine Frau, die gezwungen ist, für die Liebe zu leben, obwohl sie überhaupt nicht wirklich an Liebe interessiert ist, und warum sollte sie auch, verdammt noch mal.

Nicht, daß es Rhett Butler gelänge, *diese* Widerspenstige am Ende zu zähmen. Er mag so unverzeihliche Dinge äußern wie: »Ich war schon immer der Meinung, daß eine ordentliche Tracht mit der Peitsche dir unendlich guttäte«, doch er schlägt sie nie. Da er zu der Art von Macho-Schwächlingen gehört, die schon die Beine in die Hand nehmen, wenn sie nur den Hauch einer echten emotionalen Anforderung spüren, ist die gegebene Strategie, um ihn loszuwerden, ihm zu sagen, daß man ihn wirklich liebt.

So siegt Scarlett schließlich, Rhett geht auf und davon, Gott sei Dank, und morgen beginnt ein neuer Tag. Nun kann Scarlett fortfahren, ein großes Vermögen zusammenzubringen und kleine Geschäftsleute zugrunde zu richten, eine Tätigkeit, für die das Brechen von Herzen stets nur unzulänglicher Ersatz sein konnte.

Dann ist da noch diese wirklich ekelhafte Szene der berühmten ehelichen Vergewaltigung; in den ausgehenden Dreißigern war das wohl Gegenstand vieler Mädchenträume, heute dagegen ist es ein Scheidungsgrund. Ich muß zugeben, als Teenager fand ich diese Szene nicht so abstoßend, wie das heute der Fall ist. Da sie etwa zu Ende des dritten Viertels des zweiten Teils passiert, ist es höchste Zeit für Scarletts wohlverdiente Strafe, und – es ist wirklich kaum zu glauben – die ganze Szene ist so aufgebaut, daß der Zuschauer sich direkt *wünscht*, daß Rhett Butler seine Frau vergewaltigt!

Nicht daß es sich nur um eine Andeutung handelte, es *ist* Vergewaltigung. Der unwiderstehliche Rhett, seine Ohren heben sich so stattlich hervor, als wären Ohren sekundäre Geschlechtsmerkmale, macht nur seine Rechte auf den Körper der Frau geltend, die ihn aus selbstsüchtigen, narzistischen Beweggründen wie der Abneigung gegen eine Mutterschaft zurückweist. »Diese eine Nacht wirst du mich nicht abweisen.« Er trägt sie auf seinen Armen fort.

Schnitt zum nächsten Morgen. Scarlett reckt sich genußvoll im Bett, lächelt, singt vielleicht ein stummes Liedchen vor sich hin. Sehen Sie? Genau das hat die kleine Schlampe die ganze Zeit gebraucht.

Wenn man das glaubt, glaubt man alles.

Aber. Vielleicht hat sie ihm ja doch gegen das Schienbein getreten, vielleicht diesmal! Sicher, das ist das einzige, was sie zum Lächeln bringen könnte, in diesem Moment! Und das muß auch der Grund sein, warum er fort muß nach Europa; er muß einen guten Kniescheibenspezialisten aufsuchen. Natürlich kann man so etwas nicht ins Drehbuch schreiben, aber ich bin sicher, daß es ganz genau so gewesen ist, wirklich.

›Observer‹, 1982

Es folgt die Besprechung eines Buches über das Sexualleben auf dem nordamerikanischen Kontinent in den ausgehenden siebziger Jahren. Ich möchte betonen, es handelt sich hier um ein ungewöhnlich schlechtes Buch, eines von denen, die alleine schon ausreichen müßten, um eine Sintflut vom Himmel stürzen zu lassen, gäbe es einen Gott: am schockierendsten daran ist seine Unschuld.

Später bereute Linda Lovelace, heiratete und setzte eine andere Autobiographie auf, in der sie behauptete, ihr ganzes Leben als Linda Lovelace sei Lüge, Betrug und eine monströse Unterstellung, die ihr von skrupellosen Geschäftemachern aufgezwungen worden sei. Ich finde nicht, daß diese Stellungnahme irgend etwas von dem, was sie oder ihr Ghostwriter in ›Inside Linda Lovelace‹ gesagt hat, entkräftet.

Sollte die menschliche Rasse noch so lange fortbestehen, wird jedenfalls späteren Generationen der Pornoboom des ausgehenden zwanzigsten Jahrhunderts ebenso merkwürdig vorkommen wie die Mode der Reifröcke im neunzehnten Jahrhundert und das Bandagieren der Füße im alten China. Die Kritiken der Bücher von Linda Lovelace und Gay Talese scheinen wie selbstverständlich zu einer Untersuchung von Judith Krantzs Verherrlichung des Verbraucherfetischismus zu führen.

Die Besprechung von Anthony Alpers Katherine-Mansfield-Biographie ist für Carmen Callil, die ebenfalls »heimgkehrt« ist.

Hübsche Linda

(›Inside Linda Lovelace‹ von Linda Lovelace, Star von ›Deep Throat‹)

»Manche Leute«, so beginnt unsere Fürstin des Hartporno reflektierend ihre Memoiren, »sind zur Größe geboren, anderen wird Größe aufgedrängt.« Ihr eigener Ruhm leitet sich zum Teil von ihrer sexuellen Virtuosität her, mehr aber noch von den Bedürfnissen einer Gesellschaft, die in einer Zeit potentiellen gesellschaftlichen Verfalls eingeschränkte libidinöse Befriedigung als Einschläferungsmittel benutzt. Sie, der Archetypus eines lebenslustigen Menschen, eines »Swingers«, ist das Produkt der »permissiven« Gesellschaft, die sie verherrlicht; doch der Begriff der »Permissivität« kann nur in einer Gesellschaft entstehen, in der ein tief verwurzelter Autoritarismus vorhanden ist. Nun wird mir jede libidinöse Befriedigung zugestanden, die ich mir wünsche. Hurra! Aber wer gesteht sie mir zu? Warum gerade genau dieselben Institutionen, die sie mir bisher untersagt haben? Also sitze ich noch immer in demselben Boot, wenn man es jetzt auch in einer anderen Farbe angepinselt hat. Noch immer wird mir wirkliche sexuelle Autonomie abgesprochen, vielleicht sogar auf grausamere Weise als zuvor, da mir nun erlaubt ist, bis dahin verbotene Praktiken auszuüben und ich dadurch ein trügerisches Gefühl von Freiheit erlange, das mich blendet und mehr denn je über den wahren Charakter von Freiheit hinwegtäuscht.

Ohne überrascht zu sein, erfährt man aus dem Vorwort, daß Miss Lovelace keine »Anhängerin der Women's Lib« ist. Sie predigt sexuelle Freiheit unabhängig von gesellschaftlicher oder geistiger Emanzipation: »Der einzige Ort, an dem sie sich Gleichberechtigung wünscht, ist im Bett.« Dennoch veranschaulicht sie etwas, das man »Pornostolz« nennen könnte, wenn sie bemerkt: »Ich habe gelernt, mit meinem Mund und meiner Vagina Dinge zu vollbringen, von denen nur wenige Frauen auf der Welt träumen können.« Sie nennt allerdings Chuck, ihren »Sex-Ingenieur«, einen Svengali der Libido, der sie zum

Pornofilm gebracht hatte, ihren Trainer; sie hat es nicht einmal für sich selbst erfunden oder von ihrer Mutter gelernt, was meiner Meinung nach in einer weniger repressiven Gesellschaft ganz natürlich wäre. In einem im Nachwort veröffentlichten Interview behauptet sie, bei Fellatio stets auch selbst zum Orgasmus zu kommen, was physiologisch unmöglich ist. Daher vermute ich, daß ihr Verhältnis zu Männern und zu ihrer eigenen Sexualität ambivalent und entweder gefärbt ist von einem gewissen Maß an Selbsttäuschung oder aber dem Wunsch, zu täuschen.

Wie dem auch sei, sie kann einen ganzen Fuß in ihre Vagina einführen; wir wissen das nicht nur aus ihrer Äußerung (was nicht gerade ein besonderer Beweis von Ehrlichkeit wäre), sondern aus einer Filmaufnahme. Ihre Berühmtheit allerdings kam mit ›Deep Throat‹ als ihr Name zum Synonym fellatorischer Techniken wurde, die auf den unbeteiligten Zuschauer seltsamerweise wie die Sublimierung eines unterdrückten Kastrationszwangs von immensen Ausmaßen wirkte. Wäre meine Sexualität so systematisch von Männern ausgebeutet worden wie die von Miss Lovelace, so wäre zweifellos auch in mir der Wunsch erwacht, die Schwänze der Männer ganz und gar zu verschlingen. Welch glückliche Ironie, daß sie gerade dadurch zu Berühmtheit und Wohlstand gelangt ist.

Trotz allen Respekts, den sie vor ihren eigenen Qualitäten als einzigartiger Phönix der Fickerei hat, vollbringt Miss Lovelace jedenfalls nichts anderes, als man von jeder etablierten Hure in einer Gesellschaft erwartet, in der der Beruf der Prostituierten spezielle sexuelle Virtuosität erfordert. Jede Prostituierte in Bangkok kann mit ihren kleinen Schamlippen Rauchringe blasen und damit des Danks und des Beifalls sicher sein. Ihre eigenen fellatorischen Techniken sind von denen der japanischen Geisha abgeleitet (natürlich via Chuck. In einem japanischen Hurenhaus würde man Miss Lovelace nicht begegnen, denn dort erlernt man das Gewerbe auf sehr harte Weise.)

Nicht jedes Mädchen kann einen Fuß in ihre Scheide einführen, und die, die dieses Talent besitzen, haben sicher ein Anrecht auf öffentliche Anerkennung; doch unsere Gesellschaft verwehrt Prostituierten im allgemeinen sowohl die Anerkennung als auch die Gelegenheit zur Ausübung spezieller, virtuoser Sexualpraktiken; und außerdem ist Miss Lovelace keine Prostituierte. Welch unvorstellbarer Gedanke! Alles geschieht im Namen der Liebe. Die Bezahlung für Pornofilme war »lausig«, bis ihre große Zeit kam – das heißt, bis Pornofilme gesellschaftsfähig wurden. In ihren Filmen spielt sie manchmal die Rolle einer Hure, aber sie selbst ist keine Hure. Ihre Einstellung zum Sex ist nicht kommerzieller Natur. Sie ist sakral.

»Mein Gott ist jetzt Sex. Ohne Sex. Ich würde sterben. Sex ist alles.«

In ihren Gottesdienst übernimmt sie das Repertoire sexueller Darstellung aus der kommerziellen Intimität des Bordells und läßt zu, daß die Vorstellung auf Zelluloid eingefroren und zu einer Sequenz endloser Wiederholungen verdammt wird. Dadurch hat sie jegliches Element taktiler Unmittelbarkeit aus ihrer Darstellung körperlicher Möglichkeiten entfernt und so die ihrer eigenen Person und ihren vielgestaltig-perversen Talenten innewohnende Bedrohung entschärft. Und diese Bedrohung ist immens. Wenn sie schon einen ganzen Fuß verschlingen kann, was kann sie dann wohl noch verschlingen? Den Besitzer des Fußes mit Haut und Haaren? Die ganze Welt?

Doch obwohl das Kino zum fiktiven Bordell geworden ist, ist es doch keins, in dem der Körper, der die Vorstellung gibt, käuflich ist. Er kann nicht einmal angefaßt werden. Auf der Leinwand ist sie vor realem Kontakt mit den Impulsen sicher, die sie auslöst. (Unablässig wiederholt sie ihre Exklusivität; sie fickt nicht mit *jedem.* Sie müssen schon etwas Besonderes sein. Sie müssen »Swinger« sein.)

Diese erloschenen Bilder ihrer sexuellen Virtuosität beziehen die Potenz des Zuschauers weder ein, noch fordern sie sie unterschwellig heraus.

Und in der Ewigkeit des Zelluloid existiert der Schwanz als Ding an sich. Die Erfordernisse des Pornofilmemachens bewirken folgendes: »Viele der Schwänze, die man in den allzu genauen Großaufnahmen sieht, gehören nicht zu den Knaben, die man in der eigentlichen action zu sehen bekommt.« Denn die, die agieren, können nicht ficken und umgekehrt. Tatsächlich, so enthüllt die Autorin, sind viele der Akteure Homosexuelle; die Gesichter der Besitzer der aktivsten Organe erscheinen niemals auf der Leinwand. Wenn abgesehen von den anonymen Genitalorganen alle menschlichen Tribute entfernt sind, kann nichts entstehen. Von nichts kommt nichts.

Wie eine Postulantin rasiert sich Miss Lovelace, bevor sie sich dieser ursprünglichen und zugleich abstrakten Konfrontation aussetzt. Sie hat sämtliche animalischen Spuren von ihrem Körper entfernt, so daß er nun den kühlen Schimmer einer mineralischen Substanz besitzt, nicht aber den lebendigen Fleisches. Sie ist nicht Verkörperung, sondern Kristallisation, ja sogar Versachlichung von Libido; ihre Kunst oder Kunstfertigkeit, die öffentliche Darstellung von sexueller Aktivität, reduziert auf ein geometrisches Ineinandergreifen von Teilen, ihr ekelerregender Stil von Kitschprosa, ihr anzügliches Grinsen, ihr affektiertes Lachen, ihre Naivität, ihr Schulmädchenhumor, all das desinfiziert die subversivsten und ambivalentesten Aspekte unseres Selbst von jeder Gefahr.

Kein Schrecken mehr, kein Zauber mehr. Sex hat sich mit aller Entschiedenheit von seiner Fortpflanzungsfunktion, seiner Funktion als Sprache und seiner Funktion als Kampfmittel abgesetzt.

Sie ist eine rasierte Gefangene in einem Käfig, dessen Gitter aus Männerschwänzen besteht. Und man hat sie so gründlich an der Nase herumgeführt, daß sie sogar recht zufrieden zu sein scheint.

Jede Epoche hat die Helden, die sie verdient, und wir verdienen bei Gott eine Linda Lovelace.

›New Society‹, 1974

Die süße Note der Romantik

(›Prinzessin Daisy‹ von Judith Krantz)

Glanz ist, den Überschriften der Magazine zufolge, in das Weiße Haus zurückgekehrt, und ›Prinzessin Daisy‹ ist zu ihrem Stallgenossen ›Skrupel‹ zurückgekehrt; in der amerikanischen Taschenbuchausgabe zwillingshaft in Eigenwerbung gekoppelt: »›Prinzessin Daisy‹ ein Roman der Autorin von ›Skrupel‹; ›Skrupel‹, ein Roman der Autorin von ›Prinzessin Daisy‹.« Judith Krantz ist die Autorin, um die es hier geht. Glanz ist auch in die Bestsellerlisten zurückgekehrt. Und wie!

Wenn man auch nicht gerade behaupten kann, Judith Krantz sei für diese wirre Zeit das, was Scott Fitzgerald für das Zeitalter des Jazz gewesen ist, so bieten doch ihre zwei bisher erschienenen Romane – es heißt, sie arbeite an einem dritten – ein paar Einblicke in die Stimmung in den Vereinigten Staaten in diesen bedauerlichen, ja unwahrscheinlichen Tagen der Unruhe, in denen das Jahrhundert dem Scheitelpunkt des »fin de siècle« entgegenzittert und sogar überall wechselnde Unterströmungen eines Gefühls von »fin du monde« spüren läßt. Die Art und Weise, in der ihre Bücher der Öffentlichkeit verkauft wurden, ist sicher bezeichnend für die neue Rolle des Romans.

In Übereinstimmung mit der erschöpfenden Schlag-auf-Schlag-Kalkulation im gesamten Marketingprozess hat kürzlich ein gewisser Morton L. Janklow, der ein oder zwei Jahre zuvor ›Skrupel‹ zum ersten Mal gelesen hatte, in einem Artikel im ›New Yorker‹ Judith Krantz mitgeteilt: »Wenn Sie wollen, daß dieses Buch im nächsten Sommer das Gesicht jeder Frau an Amerikas Stränden verdeckt, dann machen Sie mich zu Ihrem Agenten.« Dieser Satz läßt die Katze aus dem Sack. Man kann ein Buch nicht lesen, wenn man damit sein Gesicht verdeckt. Jeder Narr begreift das. Es ist wichtiger, ein Buch zu verkaufen, als die Leute dazu zu bringen, es zu lesen.

Mit dieser Interpretation von Romanliteratur als angenehmem Werkzeug hat sich Mrs. Krantz voller Begeisterung auseinandergesetzt. Und wen wundert das? Sowohl ›Skrupel‹ als auch ‹Prinzessin Daisy‹ sind Romane mit ausgeprägter Konsumorientierung.

In ›Skrupel‹ findet die unglaublich reiche Billie Ikehorn Irsini nach einer Periode krankhaften Kaufzwangs wahre Erfüllung in der Eröffnung eines eigenen Geschäftes (die »Skrupel« aus dem Titel) und verkauft nun modische Luxusaccessoires. In diesem Roman tauchen gegen Ende ein paar klebrig-nostalgische Requisiten aus der Filmindustrie als Glamourbeigabe auf, doch in ›Prinzessin Daisy‹ wird dem Konsumbedürfnis seine volle Integrität zugestanden. Prinzessin Daisy, die namengebende Heldin, erfährt eine radikalere Apotheose. Sie selbst wird Markenname. Sie verwandelt sich tatsächlich in ein Parfüm, als ein passender Duft und eine Kosmetikserie nach ihr benannt werden.

Der Endeffekt beider Romane ist der des Eingeschlossenseins in ein Luxus-Shopping-Center, in dem man sanft bombardiert wird mit parfümierten Leitfäden für Sextechniken. Es ist eine einzigartige Erfahrung des ausgehenden zwanzigsten Jahrhunderts und entbehrt nicht des gewissen absurden Charmes, wie der eines Champagnerpicknicks am Kraterrand eines aktiven Vulkans.

Ich finde nicht, daß die Romane von Mrs. Krantz für die Phantasien der mittelamerikanischen Frau besonders informative Ratgeber sind. Eher sind sie ein Hinweis darauf, wie nach Meinung vieler Leute die Phantasie vieler anderer Leute auszusehen *habe*. Sie haben eher präskriptiven als deskriptiven Charakter. Ich vermute jedoch, daß das unbewußt ist. Zweifellos glaubt Juditz Krantz, sie habe lediglich den einen oder anderen Nerv eines Wunschdenkens getroffen, das schon seit undenklichen Zeiten existiert. Einer der Bestandteile dieses Wunschdenkens ist der, eine reiche Witwe, ein anderer, eine schöne Prinzessin zu sein.

Eine *schöne Prinzessin?* Ja! Genau das! In dieser Zeit? Heute eher denn je. Im republikanischen Amerika? Ganz gewiß.

Krantz wiederholt nicht einfach erfolgreiche Formeln. Zwischen den beiden Romanen gibt es faszinierende Unterschiede. ›Skrupel‹ (1978) ist ein Westküstenroman.

Der Kern der Handlung spielt sich in und um Los Angeles ab. Billies Geschäft liegt am Rodeo Drive, wo Luxusboutiquen »die aufregendste Luxusschau der ganzen westlichen Welt bieten«; ›Prinzessin Daisy‹ ist im wesentlichen ein Manhattan-Roman. (Das in Arbeit befindliche Werk wird wahrscheinlich ein Roman über einen weisen Rebellen und vermutlich in Houston oder Dallas angesiedelt sein.)

Billie ist eine amazonenhafte, sexuell unersättliche Brünette, deren Problem ihr Reichtum ist. Daisy ist eine zerbrechliche, sexuell zurückhaltende Blondine, eine weißrussische Erbin, die das Familienvermögen verliert, da ihr Vater es in die Rolls-Royce-Werke investiert, die dann von der britischen Regierung herzloserweise verstaatlicht werden. Sie verarmt; das ist *ihr* Problem. Sie arbeitet hart, und zeigt elegant Sparsamkeit, indem sie sich mit getragenen Schiaparelli-Kostümen kleidet, die sie auf dem Wohltätigkeitsbasar gekauft hat.

Obgleich Daisys Zeit der Armut (in New Yorks neuem Bohème-Viertel Soho) Elemente einer Marie-Antoinette aufweist, die Milchmädchen spielt, verleiht ihr ihr Ganztagsjob doch stärkere Charakteristika als Billie. Trotz ihrer absurden Vorgeschichte wirkt Daisy unter den Gesichtspunkten konventioneller Fiktion glaubhafter. Es ist immer schwierig, sich völlig in jemanden hineinzufühlen, dessen Beziehung zu seiner Umgebung durch zu viel Scheine abgepolstert ist.

Krantz macht den mutigen Versuch, Billie als »arme, kleine, reiche Witwe« anzubieten, die gefangen ist im Zauberschloß ihres Reichtums. Aber es wirkt nicht ganz überzeugend, da die Krantz in ihrem Inneren offensichtlich (wie auch ich) der Auffassung ist, daß das Konzept persönlichen Reichtums seine Gültigkeit verliert, wenn nicht erkennbar wird, daß der Reiche auch glücklich ist. Es versteht sich von selbst, daß in der Welt der Krantz Geld gleichbedeutend mit Befriedigung ist. Mehr noch, Geld ist ein ganz primäres, existentielles Requisit. Schließlich bedarf es einer Million Dollar, um Daisys Solvenz herzustellen – das ist eine ganze Menge mehr, als zum Beispiel bei mir erforderlich wäre.

Der Unterschied zwischen den beiden Romanen in der

Behandlung von Sex ist der einzige und wirklich überraschende Kontrast. ›Skrupel‹ beinhaltet anatomisch präzise Beschreibungen der Geschlechtsteile eines größeren Teils der männlichen Hauptpersonen. Die des Helden der Nebenhandlung, »Spider« Elliot, sind ständig in einem Stadium der Erregung unter seinen Jeans sichtbar. Billies wohlentwickelte Klitoris schiebt sich auf eine Weise zwischen den äußeren Schamlippen hervor, die normalerweise den Orang-Utan-Weibchen vorbehalten ist. Männer und Frauen tun es in Softporno-Sequenzen mit geschickt ausgeklügelten Intervallen. Oraler Sex steht ganz oben auf der Speisenkarte, und Billie selbst (»ich kann dir etwas zeigen ... es wird dir gefallen«) ist ein Vademekum an sexueller Erfahrenheit.

›Prinzessin Daisy‹ ist, was Sex angeht, eher ein Softdrink als ein Softporno. Er taucht nur bei speziellen Anlässen, bei seltenen Höhepunkten der Deutlichkeit auf – der Initiation von Daisys Vater durch eine ältere Frau in dessen Knabenzeit, Daisys Vergewaltigung durch ihren Halbbruder, einen schwierigen Jungen, einer lesbischen Episode, in die Daisy *nicht* verwickelt ist ... bedeutsamen erotischen Meilensteinen dieser Art.

Krantz mag festgestellt haben, daß schon in den zwei kurzen Jahren zwischen ihren Büchern die Zeiten für harte Verkaufsstrategien für Sex vorbei sind. Der Gegenschlag der Women's Lib kam dazwischen. Daisys beste Freundin, die »schamlose« Automobil-Erbin muß sich, verworfen wie sie ist, schon zu deftigen Spielen herablassen, um das Interesse des Mannes zu wecken, der ihr wirklich etwas bedeutet. Weiblichkeit ist wieder in Mode.

Wenn Billie dauernd in den Hosen der Männer herumfummelt, so zeigt sich Daisys Sexleben eher in rosagefärbter Zurückhaltung, bedingt vielleicht durch diese Vergewaltigung. Männer biegen ihre Schenkel auseinander und flüstern: »Darf ich?«, um zu beweisen, daß sie sie für eine wirkliche Lady halten.

Die Krantz gibt selbst zu, daß Billie mit ihrem »Instinkt einer Jägerin« und ihrer »beinahe männlichen Schönheit« schon ein veraltetes Modell ist, wenn sie die Kosmetikgeschäftführerin in ›Prinzessin Daisy‹ sagen läßt: »Ich glaube, die Zeit der Rückkehr zu einer romantischeren Note in der Duftkomposition ist gekommen, eine klassische, feminine Note.« Dieser romantischen Note der Duftkomposition verleiht Prinzessin Daisy ihren Namen (oder, genauer gesagt, verkauft ihn für eine Million Dollar). Das Buch ist auch eine »romantische Note«.

Beim Titel des Romans drängt sich einem eine seltsame Verschmelzung von Henry James' ›Die Prinzessin Casamassima‹ und ›Daisy Miller‹ auf. Das weist auf intellektuell-elegante, kosmopolitische Vorgänge hin, und der Roman spielt in London, Venedig und an anderen romantischen europäischen Plätzen, nicht dagegen in Soho. In einem gewissen Maße nimmt reiner Snobismus – der ehrfurchtgebietende Hauch von Göttlichkeit, der weißrussische Fürsten noch immer umgibt, zumindest in den Augen von Krantz – in ›Prinzessin Daisy‹ die Rolle ein, die in ›Skrupel‹ dem Sex zugeordnet ist. Dieser gute, altmodische Snobismus erfährt ein großes Comeback heutzutage.

›Skrupel‹ dagegen zeigt eine erschreckendere Vision auf. Dieses Buch beschreibt die totale Erotisierung der Idee des Ladengeschäftes, das Geschäft als magisches Bordell. In Billies Boutique entdeckt man nicht nur »Kleider, die genau richtig für einen sind, man muß auch geil auf sie sein, schwindlig vor Verlangen, das genauso wenig erzwungen werden kann, wie Genuß bei einem vorgetäuschten Orgasmus«.

Der Kauf eines Kleides ist oder sollte sein wie gutes Bumsen. Kunden werden beschrieben als »Befriedigungssüchtige«. Sie geben freizügig aus und erinnern an den viktorianischen Gebrauch des Verbs »to spend« – ausgeben – als Euphemismus für Ejakulation. Bargeld besitzt eine enge Verbindung zur Libido. Nie war sie so ausgeprägt, könnte man sagen.

Man sagt uns, ein Laden wie »Skrupel« würde in jeder Stadt Erfolg haben, in der es »viele sehr reiche, sehr gelangweilte und sehr elegante Frauen gibt«. Es muß nur eine breite Schicht reicher Müßiggänger vorhanden sein. Es ist ein Jahrmarkt, auf dem die Werte eines Imperialismus im Sinne des alten Rom zum Ausdruck kommen. Profit steht in keinerlei Zusammenhang mit produktiver

Arbeit. Dieser Laden konnte nur in einer Zeit starker Inflation konzipiert werden, in der der Glaube an Geld als Tauschmittel verlorengegangen war. Das Vermögen, das die Kunden von »Skrupel« dort ausgeben, ist real, aber bedeutungslos. Wie Feengold.

Billie braucht den Laden unbedingt, um finanziell erfolgreich zu sein, gerade weil sie das Geld selbst nicht braucht. Ganz ähnlich lautet die zentrale Zauberformel der Krantz als Autorin selbst: Bei ihr fehlt es nicht an ein paar Dollars. Sie ist bekanntermaßen eine gut versorgte Frau, verheiratet mit einem Filmproduzenten in Hollywood und Absolventin von Wellesley.

Keine Aschenbrödel-Geschichte. Der Geschichte der Judith Krantz wie auch der ihrer Heldinnen liegt die Steuerpolitik der Reagan-Regierung zugrunde: »Wer besitzt, dem soll gegeben werden.« Die *wirklich* Armen existieren in einem nicht vorstellbaren Niemandsland.

Die Tatsache, daß Krantz reich und weltgewandt ist, verleiht ihrem Bericht über das Highlife Authentizität. Selbst wenn Kenneth Clark persönlich einem erzählen würde, daß das Essen im Connaught Hotel »eine der erhabensten Erfahrungen westlicher Zivilisation sei, die Uffizien des Speisens«, könnte man auf den Gedanken kommen, er wolle einen auf den Arm nehmen. Das heitere Selbstbewußtsein, mit dem Krantz diese Mitteilung macht, stellt sie außer jeden Zweifel.

Durch beide Romane hindurch ist Krantz stets auf beruhigende Weise *präsent,* nicht persönlich, sondern als äußerst autoritative Autorenstimme, die, oft in beinahe aphoristischen Kadenzen, dem Leser mitteilt, was solide Information über die Welt zu sein scheint. Aus ›Skrupel‹: »Für einen Arzt ist die einzige Möglichkeit, sich gegen einen anständigen Lebensstandard zu versichern, in die Wissenschaft zu gehen.« »Das Publikum [des Filmfestivals in Cannes] ist das lasterhafteste seit der Zeit, in der man Christen den Löwen vorwarf.« Aus ›Prinzessin Daisy‹: »Für kein Team sind gemeinsame und individuelle Erfolge so wichtig wie für den glücklich verheirateten homosexuellen Ehemann und seine lesbische Frau.« Und so weiter und so weiter.

Ihre Romane bieten zu moderaten Preisen anscheinend

umfassende Insiderkenntnisse über das interne Funktionieren der winzigen Glitzerwelt der Klatschkolumnen und Mediengerüchteküche. Sie sind Handbücher über eine gewisse Art sozialer Mobilität, verkleidet als guter Lesestoff. Die Informationen über das, was man ißt, wie man sich kleidet, wo man kauft (sie ist ganz scharf auf echte Restaurants, echte Markennamen, echte und erfundene Geschäfte), werden treuherzig als Phantasieprodukte angeboten.

Das ist Fiktion als Dienstleistungsbetrieb für eine aufstrebende Klasse von Medienaristokraten; oder zumindest Möchte-gern-Medienaristokraten. Ihr Anfangserfolg stellte sich zur selben Zeit ein wie diese Klasse selbst: Leute, die die Taschenbuchrechte kauften und die Fernsehrechte und der Himmel weiß was sonst noch für Rechte und die, lange bevor die Bücher überhaupt in die Drahtständer und von da aus zu den Besuchern der Läden gelangen konnten, versicherten, daß beide Romane Bestseller würden.

Gegen Ende von ›Prinzessin Daisy‹ spielt Judith Krantz ein unter den gegebenen Umständen gefährliches Spiel. Wie Dante seinem Vergil, gewährt sie dem Leser einen ihrer fundamentalen Tricks, nämlich dem Kunden über das Prinzip des Vertrauens das Geld aus der Tasche zu ziehen. »Würde man Kosmetika und Parfums zu einem Preis verkaufen, der auch nur *annähernd* im Bereich der Herstellungskosten liegt«, sagt nachdenklich ein leitender Angestellter, »wäre das absoluter Irrsinn.«

In dem Wunsch, dem Leser/Verbraucher die Identifikationsmöglichkeit mit den Leuten am Schalthebel der Macht zu bieten, vergißt sie hier, daß der Leser ja Verbraucher *ist.* Sie ist gefährlich nahe daran, sie oder ihn als leichtgläubigen Tölpel abzustempeln und damit das Wertesystem, das ihren Romanen mit all seiner leuchtenden Reinheit zugrunde liegt, zu verraten.

Es ist das Wertesystem des Kapitalismus in der gierigsten Schlaraffenlandphase kurz vor dem Zusammenbruch, wo nur Geld Geld erzeugt. Genau da stehen die Vereinigten Staaten heute.

›New Society‹, 1981

Das Leben der Katherine Mansfield

(Anthony Alpers, ›The Life of Katherine Mansfield‹)

Es gibt den heroischen Mythos des Kolonialismus, des In-See-Stechens zur Eroberung des Unbekannten. Er besitzt eine nicht weniger heroische Umkehrung: die Rückkehr des Kolonialisten, »Heimkehr«, wie sie es nennen, die unsichere Ankunft in einem bekannten und zugleich unbekannten Mutterland, das keine andere Realität anerkennen mag als die eigene. Katherine Mansfield liebte es, sich selbst als verlorene Tochter darzustellen in ihren Briefen aus England an ihren Vater in Neuseeland, wo dieser erfolgreich und – an den Maßstäben des Snobismus im Mutterland gemessen – unverzeihlicherweise *neureich* geworden war. Doch ihre eigene Beziehung zu England, zu einer Kultur, der sie im eigentlichen Sinne nie angehört hatte, die Beziehung einer verlorenen Tochter, der nicht vergeben worden war, gehört zu den Dingen, denen Anthony Alpers in dieser sonst besonders gynäkologisch gesehen sehr erschöpfenden Biographie nicht auf den Grund geht; mit dieser Biographie beabsichtigt er, eine andere zu ersetzen, die 1953 erschienen war, als viele Zeitgenossen Mansfields, auch ihr Mann, John Middleton Murry, noch lebten und Einspruch hätten erheben können.

Obwohl Katherine Mansfield unter den Schriftstellern, die ausgewandert waren, zu den größten gehört, ist ihr vielleicht nie ganz deutlich geworden, daß sie in London im »Ausland« lebte, wenn auch ihr Biograph dies oft, möglicherweise unbewußt, betont, indem er sie ab und zu »die Kolonistin« nennt. Sie war in Wellington geboren und kam 1903 im Alter von vierzehn zum erstenmal »heim«, um die Schule zu besuchen; sie segelte quer um die ganze Welt zurück, um sich in Wellington den Pflichten einer Debütantin zu unterziehen (»Veilchentees«, bei denen mit Veilchen belegte Sandwiches gereicht wurden), kehrte mit fast zwanzig unter wilden Verwünschungen wieder heim. Gewaltige Jugendtorheiten führten zum Beischlaf und schließlich zur Heirat mit Murry und zu einem hektischen Leben, das von der Mitarbeit bei kleinen Zeitschriften und dem Umgang mit einem Kreis von Intellektuellen geprägt war. Garsington und die Bloomsbury-Leute, eine Zusammenballung von Heuchelei und Snobismus einerseits, dagegen sie, aus den Kolonien stammend, unbedarft. Starb mit vierunddreißig an Tuberkulose. Sie hinterließ Kurzgeschichten, Briefe und die traditionsreichste aller Formen weiblicher Literatur, ein Tagebuch. Ihr gesamter geschriebener Nachlaß kann als sagenhafte – ich benutze das Wort in voller Absicht – Autobiographie der Seele bezeichnet werden; eine der großen Gefahren für eine Schriftstellerin ist der Wunsch, um ihrer selbst willen geliebt und zugleich um ihrer Arbeit willen bewundert zu werden, als »wundervoller Mensch« und zugleich als »große Künstlerin« angesehen zu werden; nur die Zähigkeit und Schläue hinter ihrer Fassade sensibler Verletzlichkeit bewahrten Katherine Mansfield vor narzistischer Selbstbetrachtung. Auch schien sie von sexuellen Schuldgefühlen zerrissen zu sein, was hierzu noch beigetragen haben mag.

Die eindeutig besten ihrer Kurzgeschichten, einschließlich ›Prélude‹, ›An der Bucht‹ und ›Das Gartenfest‹, spielen in Neuseeland, in einer ganz normalen häuslichen Umgebung. Sie besitzen eine schimmernde Zärtlichkeit, wie man sie für ein fernes, glückliches Land empfindet, von dem man aber weiß, daß die Rückkehr dorthin den Tod bedeuten würde. Sie starb bekanntermaßen unter bizarren Umständen in dieser merkwürdig gekleideten Gurdijeff-Kommune außerhalb von Paris.

Das Leben Mansfields mit den ihm innewohnenden tragischen Komponenten – die Jugend verging in langsamem Sterben, für ihre sexuelle Freiheit zahlte sie einen hohen Preis an geistigem und körperlichem Schmerz, beachtliches künstlerisches Können, frühzeitig verdunkelt von Okkultem – macht sie zwangsläufig zu einer Art Heldin unserer Zeit, nicht zuletzt, weil der Zeitraum von 1903 bis 1923, als sie hier lebte, im Rückblick betrachtet, die letzte künstlerisch aktive Periode Englands gewesen zu sein scheint. In der Tat hat sie jeder, der einen Namen hatte, schlechtgemacht – Wyndham Lewis, Bertrand Russell, Gaudier-Brzeska – die Liste ist endlos. Virginia

Woolf war »schockiert von ihrer Gewöhnlichkeit«. Am Ende von Alpers liebevoller, ja sogar verliebter Biographie fragt man sich, warum jemand mit solcher Begabung und solchem Charme von allen so sehr gehaßt wurde. Zum Glück gibt uns eine knappe Mitteilung an eine Freundin ihres Mannes einen kleinen Hinweis auf die Gründe: »Es tut mir leid, aber Sie müssen aufhören, meinem Mann diese Liebesbriefchen zu schreiben, solange er und ich zusammenleben. Es gehört zu den Dingen, die man in unserer Welt nicht tut.« Sie muß ungeheuer gewesen sein.

Wenn die wundervolle Gudrun in ›Liebende Frauen‹, die *castratrix triumphans*, zum Teil ihre Züge trägt, dann muß die niedliche Art, mit der sie sich an Murry und eigentlich an alle anschmiegte, Lawrence wie ein schokkierender Betrug an ihrem eigentlichen Wesen vorgekommen sein, was aber nicht die unverzeihlich grausamen Briefe entschuldigt, die Lawrence ihr in den letzten Tagen ihrer Krankheit geschrieben hat. Aber Alpers macht die ganze Komplexität der Ménage-à-quatre der Lawrences und Murrys 1916 in Cornwall nicht genügend deutlich. Es genügt sicherlich nicht, zu sagen, Lawrence hatte etwas gegen Mansfield, weil er in Murry verliebt war; war nicht Murry schon hinter Frieda her? Die Murrys nannten einander »Tig« und »Wig«, was Tiger und Streiterei bedeutete. Oft haben sie zusammengesessen und Gedichte über ihr Glück geschrieben. Das reichte schon, um einem stärkeren als Lawrence den Magen umzudrehen, besonders wenn man die Kraft in ihr spürte.

Alpers versucht in gewissem Maße, Murry reinzuwaschen, doch die Umrisse einer wirklich üblen Kreatur scheinen noch immer durch, und die Beziehung Mansfields zu ihm war wohl weniger wahre Liebe als eine unter Schmerzen aufrechterhaltene romantische Illusion. Indem sie ihre lebenslange Fürsprecherin Ida Baker ihre »Ehefrau« nannte und sie mit wahrhaft kampflustiger, abfälliger Zuneigung behandelte, bewies Mansfield vielleicht einen ausgeprägteren emotionalen Selbsterhaltungstrieb, als es auf den ersten Blick den Anschein hat.

Im übrigen vermittelt Alpers keinen tiefergehenden Eindruck vom wirklichen Wesen seiner Heldin. Nicht daß er nicht beinahe allzu intensiv versucht hätte, die widersprüchlichen Erscheinungsformen einer zutiefst zwiespältigen Persönlichkeit immer und immer wieder zu filtern. Aber schließlich *war* sie geheimnisvoll, und sie benutzte ihren Charme eher nach Art der Kolonialisierten als nach der des Kolonialherren, um die Aufmerksamkeit vom Kern des Geheimnisses abzulenken, das sie für sich behalten wollte; vielleicht war dieses Geheimnis ihre eigentliche Kreativität. Sie hatte recht, es für sich zu behalten.

Die Biographie, der sonst nichts vorzuwerfen ist, leidet unter einer lüsternen Intimität des Tonfalls. Zum Beispiel hat Alpers, nachdem er den Code herausgefunden hatte, mit dem Mansfield in ihren Tagebüchern ihre Periode kennzeichnete, keinen Temperamentsausbruch, keine Depressivität mehr zugelassen, ohne sie in einen Zusammenhang mit prämenstruellen oder postmenstruellen Spannungszuständen zu stellen. Er sieht sich so sehr als »Katherines« – so nennt er sie immer – Beschützer, daß es den Anschein hat, er unterhielte eine posthume Affäre mit ihr. Wahrscheinlich ist dies das Schicksal einer jeden attraktiven, geheimnisvollen und sexuell experimentierfreudigen Frau in den Händen eines galanten, männlichen Biographen.

›Guardian‹, 1978

Der Text über D. H. Lawrence verbindet zwei meiner großen Lieben: seine Romane und die Soziologie der Kleidung. Kein englischer Schriftsteller dieses Jahrhunderts kann dem bedeutenden Faktum D. H. Lawrence entgehen, doch es ist eine Sache, ihn als Romanautor und eine ganz andere, ihn als Moralisten ernstzunehmen.

Lorenzo der Homo

In einem Kommentar über das entsetzliche Buch ›Die Geschichte der O‹, den ich einmal gelesen habe, wurde unterstellt, daß nur eine Frau es geschrieben haben könnte, weil es in dem Buch irgendeine seltsame Metapher über, ich glaube, Lockenwickel gibt. Der Kommentator, ein französischer Intellektueller, wahrscheinlich Mitglied der Académie Française und, weiß der Himmel, wovon noch, meinte, dieses spezielle Detail könnte nur »von einer Frau« dargestellt worden sein, denn es sei nur für das Auge einer Frau erkennbar.

Soweit also die Meinung dieses Franzosen, dessen Namen ich vergessen habe; mir allerdings schien es, als trüge ›Die Geschichte der O‹ alle Stigmata männlichen Bewußtseins, nicht zuletzt aufgrund der Tatsache, daß die Details über Kleidungsstücke genau so ausgewählt sind, wie sie ein Mann in einem Buch beschreiben würde, der den Anschein erwecken möchte, daß das Buch von einer Frau geschrieben ist. Cleland benutzt dieses Mittel häufig in ›Fanny Hill‹. Doch gibt es auch viele Schriftstellerinnen, die selbst vorgeben, Verkörperung des Weiblichen zu sein; man nehme nur Jean Rhys und Edna O'Brien, die mit ihren Narben das Geschlecht verherrlichen, das sie ihnen zugefügt hat. Jedoch ist das Wesen der Verkörperung des Weiblichen in der Kunst sehr komplex, und der Mann, der sich damit auseinandersetzt, muß sehr darauf achten, seine eigene Neigung zum Transvestismus nicht durchblicken zu lassen, insbesondere, wenn er Frauen nicht sehr schätzt.

Die bedeutendsten Künstler des Transvestismus, deren wundervollste Beispiele man bei den *onnagata* findet, den männlichen Schauspielern, die im japanischen *Kabuki*-Theater Frauenrollen spielen, betrügen ihr eigenes Geschlecht nur durch eine Überperfektion der Darstellung, so daß eine echte Frau neben ihnen wie ein Mannweib erscheint. Und das führt mich zu dem seltsamen Fall D. H. Lawrence und zu der Binsenweisheit, daß diejenigen, die phallische Überlegenheit verkünden, im allgemeinen einen riesigen Dildo irgendwo zwischen ihren psychischen Blockaden versteckt haben.

Ich würde gern einen kurzen Modebericht über ›Liebende Frauen‹ schreiben, denjenigen von Lawrence' Romanen, der am verschwenderischsten mit Kleidung ausgestattet ist und außerdem als Exegese meines eigenen Geschlechts angesehen wird. Dabei vertraue ich nicht dem Erzähler, sondern der Erzählung, um zu beweisen, in welchem Ausmaß D. H. Lawrence Frauen einfach nur anhand der Äußerlichkeiten ihrer Kleidung charakterisiert; mit dieser Methode ist es ihm gelungen, eine der gewaltigsten Trickbetrügereien in der Geschichte moderner Prosaliteratur zu exerzieren; zugleich offenbarte er eine mehr als weibliche, ja pathologisch-fetischistische Besessenheit von Frauenkleidern. ›Liebende Frauen‹ ist so vollgestopft mit Kleidern wie Harrod's und zwar auch mit derselben Art von Kleidern. D. H. Lawrence beschreibt die Kleiderschränke seiner Heldinnen mit der liebevollen Sorgfalt einer Kammerzofe. Es geht nicht einfach um die Notwendigkeit, den Leser von der Tatsache zu überzeugen, daß das Buch von einer Frau geschrieben wurde; das ist gar nicht seine Absicht. Es ist ein Werkzeug, mit dem D. H. Lawrence den Leser davon zu überzeugen versucht, daß er eine direkte Verbindung zum Herzen der Frauen besitzt aufgrund seiner ungewöhnlichen Sympathie für ihre innersten Bedürfnisse, nämlich hübsche Strümpfe, schöne Kleider und Unterwerfung.

Doch Lawrence genießt es eindeutig, ein Mädchen zu sein. Wenn wir nicht dem Erzähler trauen, sondern der Erzählung, dann wird dieses durch Spitzen und Federn, durch Handtaschen und Perlen, durch Blusen und Hüte zuverlässig belegt. Es ist immer rührend, einen Mann zu beobachten, der wie Lawrence ganz hingerissen ist von dem Zivilisationsapparat Weiblichkeit, von der ganzen Skala zwischen Federn und Selbstverleugnung; auch wenn er, wie Kate Millett vermutet, nur Frau sein wollte, um die höchste aller schizophrenen Freuden auskosten zu können, nämlich sich selbst zu ficken, da sonst niemand gut genug für ihn war. (Die Realisierung dieses Wunsches in seiner Phantasie ist vielleicht das Kriterium, das ›Lady Chatterley‹ solch einen Anschein von Überfülle verleiht.)

Lawrence ist zugleich angezogen und verwirrt vom

narzistischen Beiwerk der Weiblichkeit. Es blendet ihn. Er steht wie ein Kind vor einer Kiste voller Requisiten zum Verkleiden. Gudrun, Hexe und Hure, wird mit einer Fanfare der Eleganz eingeführt: »Sie trug ein Kleid aus dunkelgrünem Seidengewebe mit Rüschen aus blauer und grüner Leinenspitze am Ausschnitt und an den Ärmeln.« Die Brangwen-Mädchen treten gewöhnlich auf wie ›Vogue‹-Illustrationen; schließlich fängt man an, über Preise nachzudenken. (Wie konnten sie es sich leisten, sich in jener Zeit vom Gehalt eines Lehrers so anzuziehen?) Es ist natürlich das Detail der »Leinenspitze«, das Lawrence verrät. Er ist ein echter *aficionado* des Firlefanz. Was, zum Teufel, ist »Leinenspitze«? Ich jedenfalls weiß es nicht. Es ist ein süßes Frauengeheimnis zwischen Gudrun und ihrer Schneiderin. Gudrun vervollständigt ihre Garderobe mit smaragdgrünen Strümpfen. Gudruns Strümpfe ziehen sich durch das Buch wie ein *Leitmotiv**. Sehr auffällige Strümpfe. Sie will immer wieder die Aufmerksamkeit auf die Postamente lenken, die sie tragen, nämlich ihre Beine, obwohl diese selten beim Namen genannt werden. Gudruns Strümpfe werden fast zum Symbol ihrer Widersprüchlichkeit. Als sie ins Haus der Crichs kommt und dicke, gelbe Wollstrümpfe trägt, ist Gerald Crich ein wenig überrascht. »Ihre Strümpfe haben ihn stets aus der Fassung gebracht«, vermerkt Lawrence, um zu unterstreichen, was für ein bourgeoiser Ochse Gerald ist, daß er nicht einmal ein paar bohemienhafte Strümpfe mit Gleichmut hinnehmen kann.

Doch Lawrence selbst ist so zutiefst verwirrt von der Vorstellung von Gudruns Beinen, daß er ihren unbedeckten Anblick nicht ertragen kann; sie müssen verschwörerisch verhüllt sein. Das verleugnet ihr beunruhigendes, unabänderliches Beinsein. Strümpfe als Instrument der Zensur?

Strümpfe, Strümpfe, überall Strümpfe. Herione Rodice zeigt stolz ihre korallenfarbenen vor, Ursula ihre kanariengelben. Herausfordernde, glänzende, beeindruckende Strümpfe. Doch niemals wird der Gedanke angesprochen, daß das Gewebe lebendiges, verführerisches Fleisch

* Im Original deutsch.

verbirgt und bekleidet. Lawrence ist ein Mann des Strumpfes, nicht des Beins. Strümpfe verdrängen Beine; Kleider verdrängen Körper. Fetischismus.

Die Apotheose des Strumpfes zeigt sich ganz am Ende des Romans, als sie schließlich eine anerkannte, positive sexuelle Bedeutung erlangen. »Gudrun kam mit drei Paar der farbigen Strümpfe, für die sie bekannt war, in Ursulas Schlafzimmer und warf sie auf das Bett. Es waren dichte Seidenstrümpfe in Zinnoberrot, Kornblumenblau und Grau, aus Paris.« Mit sicherer weiblicher Intuition erkennt Ursula: »Gudrun muß *sehr* verliebt sein, wenn sie solche Schätze hergibt.«

Die aufgeregten Mädchen nennen Strümpfe »Juwelen« oder »Lämmchen«, als wären diese nutzlosen Seidendinger Liebhaber oder Kinder. In der Tat scheinen Strümpfe Gudrun in einen Zustand höchster erotischer Erregung zu stürzen; sie berührt sie mit »zitternden, erregten Händen«. Das orgiastische Wesen des Strumpfwechsels wird durch einen seltsamen Dialogabschnitt unterstrichen.

»Wirklich schöne Strümpfe vermitteln einem die höchste aller Freuden«, sagte Ursula.

»Ja, wirklich«, antwortet Gudrun, »die höchste aller Freuden.«

Worauf *spielt* Lawrence an? Oder besser, worauf glaubt er, anzuspielen? Diese Form von allgemeiner Ekstase könnte man eher Firbank zuschreiben, der etwas vom Dandytum bei Frauen verstand, von Dandytum und Ironie, den beiden extremsten Verteidigungsmitteln des Opfers. Aber Firbank, der ein schneidiger kleiner Bantam-Gewichtler war und stets gegen alle Regeln verstieß, besaß *wirkliche* moralische Stärke.

Ich glaube, Lawrence versucht, die Frauen, die er in seiner Vorstellung erschaffen hat, wegen ihrer exzessiven Reaktion auf Strümpfe, auf die aber auch er selbst wieder exzessiv reagiert, herabzusetzen, zutiefst schwuler, monströser, alter Heuchler, der er ist.

Lawrence mußte sich natürlich an diesem Punkt des Romans wirklich ganz erfüllt von »Frau« fühlen, als Birkin gerade Ursula vereinnahmt, sie quasi nach Art der Boa Constrictor mit Haut und Haaren verschlungen hatte. So gelingt es ihm tatsächlich, sich selbst mit seiner

Homoerotik hinters Licht zu führen, und es scheint ihm nicht im geringsten widersprüchlich zu sein, daß seine Heldinnen, die zuvor sehr minutiös als besonders würdevolle Ladies dargestellt werden, nun miteinander daherschwätzen wie die schlimmsten Schulmädchen.

Die Mädchen haben sich gerade nach Ursulas Hochzeit und Gudruns anrüchigem Wochenende in Paris mit diesem entsetzlichen Gerald in der Schweiz wiedergetroffen. Sofort ziehen sie sich eilig in Gudruns Schlafzimmer zurück, um über »Kleider und Erfahrungen« zu sprechen, in dieser Reihenfolge. Gemütlich zusammengerollt und mit einer Schachtel Schweizer Schokolade, wage ich zu behaupten. Mein Gott, was für eine Unverschämtheit. Lawrences Prosa wird zunehmend verwaschener gegen Ende des Buches, dennoch sind Überdruß und Trägheit keine Entschuldigung für diese Art von bevormundender Abfertigung.

Aber der gute alte Lawrence schafft es auch, den Kuchen zu behalten, obwohl er ihn ißt. An früherer Stelle in Derbyshire rufen die Kinder Gudrun Schimpfworte nach. »Was haben die Strümpfe gekostet?« fragen sie. Natürlich, das ist Realismus. Der Preis für exzentrische Kleidung ist stets Spott, und manchmal erweist sie sich als selbstauferlegtes Martyrium. D.H. Lawrence dagegen kann all die schönen Kleidungsstücke, die er selbst so sehr begehrt, den von ihm erfundenen Mädchen anziehen und sich auf diese Weise geschickt der moralischen Verpflichtung entziehen, mit ihnen aus dem Haus gehen und sich dem Grölen des Mob aussetzen zu müssen.

Und großzügig erlaubt er sich, die Mädchen zu verspotten, die er in der ihnen von ihm selbst aufgezwungenen, grotesken Staffage paradieren läßt. Und wohlüberlegt hat er Gudrun eine Kreuzigung durch die Bergleute wegen ihrer Kleidung zugedacht. Sie geben zu, nie zuvor so hübsch verpackten Abschaum gesehen zu haben, aber mit apostolischer Entschlossenheit vergessen sie nie die Tatsache, daß sie Abschaum bleibt. Sie beging die Sünde, bei einem Gang durchs Dorf »leuchtend rosa Strümpfe« zu tragen.

»Wieviel, he? Sie wird es machen, wetten?« Man achte auf die Betonung der materiellen Zusammenhänge. Ihr

Dandytum, ihr Trotz gegenüber irgendwelchen Kleidervorschriften kann nur Demütigung herausfordern. Die Bergleute sehen nicht auf die Preisschilder, wie das die verhältnismäßig unschuldigen Kinder taten, sondern sie nehmen ganz brutal das Fleisch unter den Strümpfen wahr und taxieren *dessen* Preis.

Der alte Bergmann meint, sie könnte einen Wochenlohn wert sein. Er würde ihr die Strümpfe tatsächlich gleich auf der Stelle ausziehen. Der jüngere dagegen, »schüttelte in düsterer Vorahnung den Kopf«.

»Nein«, sagte er. »Das ist es mir nicht wert.«

Lawrence haßt die Bergleute mit der verletzenden, schuldbewußten Leidenschaft des wirklichen Klassenverräters. Dennoch benutzt er mit Freude die offene Sprache des niederen Standes, den er ihnen zugeordnet hat, um Gudrun mit Nachdruck auf ihren Platz zu verweisen, als sie in ihren Kleidern von Lunnon und ihrem hochtrabenden Geschwätz angetänzelt kommt. »Keinen Wochenlohn wert«, wie? So viel für deine feinen, kleinen Bachstelzenbeine, Süße? Komm, leg dich gratis auf den Rükken.

Wie dem auch sei, Lawrence hat Gudrun eine besonders schockierende Art der Schönheit verliehen, und der Himmel weiß, welche persönlichen masochistischen Gründe dafür verantwortlich sind. Und sie bedeutet für ihn eine immer wiederkehrende Verletzung. Sie ist jedenfalls nicht „Schönheit an sich ohne ihre Kleider", nicht einmal das. In der Beziehung von Lawrence zu seiner widerspenstigen Heldin entsteht kein Gefühl taktiler Unmittelbarkeit, wenn sie sich entkleidet. Es ist eher die Umkehrung des Striptease: je mehr Kleider er ihr aufbürdet, um so begehrenswerter, da weniger real, wird sie.

In dem Schweizer Hotel in ihrem grünseidenen Abendkleid mit goldfarbenem Chiffon (Woher hat sie nur das Geld für all diesen Glamour? Nicht von der Straße, *das* hat er klipp und klar gesagt.) »war sie wirklich eine strahlende Schönheit, und jeder bemerkte sie«. Eine außerordentlich gemeine und dürftige Beschreibung der Wirkung einer erotisch verwirrenden Frau auf einer Party. Er hatte schon einmal versucht, die Wirkung eines erotisch verwirrenden Mannes auf einer Party zu beschreiben. (Gudruns Beschreibung von Gerald auf der Studio-Party in Paris.) Doch er kommt über das Hahn-im-Korb-Klischee kaum hinaus. Vielleicht will er sagen, daß Gudrun die dominierende Rolle im erotischen Bereich spielt; doch er ist zu wenig souverän, um zuzugeben, daß eine Frau dazu in der Lage ist, und zu heuchlerisch, seine Helden ernstlich diese Rollen spielen zu lassen. Birkin wird an irgendeiner Stelle als außerordentlich begehrenswert beschrieben, dennoch liegt seine Dominanz nicht im erotischen Bereich. Er ist wirklich das, als was die Brangwen-Mädchen ihn in einem ihrer lichteren Momente bezeichnen, nämlich ein intellektueller Angeber.

Hermione Roddice erfährt unausweichlich das ganze gewichtige Ausmaß des Kleiderspleens. Sie verschwindet unter zahllosen Stoffschichten. Goldfarbene Stoffe, Pelze, antiker Brokat, riesige flache Hüte aus blaßgelbem Samt, »mit Streifen aus Straußenfedern in Natur- und Grautönen«. Welche Bereicherung wäre Lawrence doch für die Modeberichterstatter bei den Pariser Modeschauen gewesen, bei denen keine Photographen zugelassen waren, so daß alles im Gedächtnis festgehalten werden mußte.

Hermiones Kleider sind sichtbare Verfremdung. Sie nähern sich einem Phantasiestil, der ausschließlich dekorativ ist, unberührt von funktionellen Kriterien oder Gegebenheiten der Umgebung. »Hermione kam zum Dinner herunter, fremd und feierlich wie zu einem Begräbnis, ihre Augen schwer und voll Grabesdunkelheit und Kraft. Sie trug ein enganliegendes Kleid aus steifem, altem, grünlichem Brokat, das sie groß und beinahe furchterregend gespenstisch aussehen ließ.« Lawrence betrachtet sie voller Entsetzen und ehrfürchtigem Respekt. Ihre Exotik, für Lawrence in erster Linie eine Exotik der gesellschaftlichen Klasse, drückt sich in der selbstbewußten Fremdheit ihres Erscheinungsbildes aus. Ihr Kleid legt die Grenzen ihres abstrakten Machtbereiches fest.

Hermione ist ein Abbild des Lebens, und Ottoline Morell hat sich tatsächlich so aufgemacht, aber sie erweckte in Lawrence ein so überhöhtes Bewußtsein für Spitzen und Litzen, daß es fast aussieht, als hätte er viele glückliche und vergängliche Stunden mit dem Durchstöbern ihres Kleiderschrankes in Garsington zugebracht.

Bei der Hausparty in Breadalby gehen alle miteinander zum Schwimmen. Gerald sieht »weiß, aber natürlich in seiner Nacktheit« aus, mit einem scharlachroten seidenen Tuch um die Lenden. Die Damen zeigen ihre Haut auf ganz schickliche Weise, kurz und nicht sehr viel davon; Hermione nähert sich dem Wasser in »einem großen Umhang aus purpurner Seide«, dekorativ, verkleidet, ummantelt von barockem Putz. Ihre Erscheinung besitzt in der Tat etwas von der vergoldeten Strenge eines Heiligenbildes. Vermutlich weil sie eine Aristokratin und somit heilig ist.

Wenn Lawrence bei diesen ungeheuer überladen gekleideten Frauen einen pseudophilosophischen Hinweis geben will, daß sie sich hinter ihrer Kleidung zurückziehen wollen, so tut er das niemals offen, was, aus seiner Sicht gesehen, merkwürdig ist. Es ist fast, als kehrte er das Baudelairesche Paradoxon »Die Frau ist natürlich und daher widerwärtig« um und sagte: »Die Frau ist widerwärtig, wenn sie unnatürlich ist«. Auf diese Weise würde er aus Baudelaires Hieb gegen die Vorstellung vom »natürlichen Mann« eine Platitüde machen. Denn die meisten Frauen, die er in ›Liebende Frauen‹ ablehnt, enden als leblose Gestalten aus Textilien, als Kleiderständer, die nur die äußere Form einer Frau haben. Lawrence nähert sich diesen Frauen über ihr äußeres Erscheinungsbild. Ihre Kleidung ist das einzige, das ihm Halt gewährt. Wie ein Schwuler, jedoch ohne das tragische Heldentum, das es einem Transvestiten ermöglicht, den Zauber selbst zu erproben, glaubt er, Frauenkleider seien in sich selbst Objekte mit magischer Kraft, die eine Frau definieren und begrenzen.

Seine Heldinnen können der Kleiderfalle, die Lawrence ihnen gestellt hat, nicht entrinnen, obgleich es einen Zusammenhang zwischen der Kleidermenge, mit der er sie überhäuft, und ihrer eigenen erotischen Qualität gibt. Erotisch verwirrende Frauen werden häufiger über einen Kamm geschoren. Am Anfang ist Ursula ebenso aufsehenerregend gekleidet wie Gudrun, doch die Beschreibungen ihrer äußeren Erscheinung nehmen ab, nachdem

Birkin sie kastriert hat. Gudrun dagegen, das Pussum (die arme Carrington bekommt wieder einmal das ihre), und Hermione – haben immer und immer ihre eigentlich herausfordernde Haltung ihrer äußeren Erscheinung untergeordnet, da diese ihre herausfordernde Sexualität entschärfte. Obwohl sich für Lawrence ihre Sexualität allein in ihrer äußeren Erscheinung darstellte.

Ja, Hermione. Sie fungiert eindeutig als die erotisch verwirrendste aller Frauen des Romans, nicht weil Lawrence sie in sinnlicher Weise wahrnimmt – weit gefehlt –, sondern weil er sie mit der Würze ausgestattet hat, die für ihn das einzig wirksame Aphrodisiakum ist, nämlich der Klasse.

Da Kleidern eine so hochstilisierte Bedeutung als Rüstung des Frauseins zugeordnet wird, ist man überrascht, daß bei dem Tête-à-tête von Ursula und Hermione (Kapitel 22, »Frau gegen Frau«), als sie darum kämpfen, wer Birkin besitzen solle, mit keinem Wort erwähnt wird, was die beiden anhaben. Sie haben sich für den Kampf entkleidet, verstehen Sie?

Die meiste Zeit in ›Liebende Frauen‹ erinnert Lawrence an einen kleinen Jungen, der die Kleider seiner Mutter anzieht und glaubt, dadurch zu seiner Mutter geworden zu sein. Der betrügerische Trick, der glänzende, wundervolle, betrügerische Trick, das wirkliche Wunder ist die Tatsache, daß seine Version der Frauenkleidung weitgehend als Realität akzeptiert wird, sogar von jungen Frauen, die es eigentlich besser wissen müßten. Lawrence dringt wirklich so weit in das Herz einer Frau ein, wie eine Hutschachtel tief ist.

Er ist überweiblich. Sein erschlichener, geliebter und sehnsüchtig erwünschter Unterrock schaut stets ein paar Zentimeter unter seinem intellektuellen Saum hervor. Der Strumpf bedeckt ein muskulöses, behaartes Bein.

Neben dieser *onnagata* sieht Colette wie Cassius Clay aus.

›New Society‹, 1975

(›Colette. Eine Biographie‹ von Michèle Sarde)

Colette ist eine der wenigen, möglicherweise sogar die einzige bekannte Schriftstellerin der neueren Zeit, die man im allgemeinen einfach nur tout court bei ihrem Nachnamen nennt. Die Woolf hat es selbst nach diesen Jahren nicht geschafft; die Rhys bleibt ohne den Namen Jean inkognito, Nin ohne Anaïs kommt einem wie ein Druckfehler vor. Colette, Madame Colette, bleibt in dieser Beziehung, wie auch in so vielen anderen, einzigartig.

Dennoch erlangt Colette diese Ehre nicht, weil sie mit Gewalt von ihren Anhängern eine respektvolle Sprache forderte, leider. Durch einen glücklichen Zufall kann ihr Name sowohl Vor- als auch Nachname sein, und die Verdoppelung klingt etwas albern und »niedlich«. Man könnte »Bonny« oder »Rosie« als englisches Äquivalent dagegensetzen. Vermutlich war es ein völlig unbewußter Kunstgriff, daß Colette für sich eine Form der Anrede wählte, die sowohl den männlichen Respekt wie auch die männliche Vertrautheit ihrer Zeit ansprach, eine Tatsache, die im kleinen die gesamte Botschaft ihrer Karriere reflektiert. Diese Botschaft heißt: Wenn du nicht gewinnen kannst, ändere die Spielregeln.

Ihre Karriere war sehr ungewöhnlich und daher zwangsläufig voller Widersprüche; einer davon ist ihr kompromißloses Streben nach Selbsterforschung. Madame Colette, wenn sie auch nie Madame Colette von der Académie Française geworden ist – ein Spiel, dessen Regeln sie nicht durchbrechen konnte – hat von der Französischen Regierung ein Staatsbegräbnis erhalten; die Frau, die von der aristokratischen Familie des zweiten Ehemannes als gerissene kleine Strip-Künstlerin abqualifiziert wurde, die es auf nichts als auf den Titel einer Baronin abgesehen hatte. Als Madame Colette erschien sie zunächst auf Pin-up-Bildern: »Unsere hübschen Künstlerinnen: Madame Colette vom Olympia«. Und auf diesen Photos aus ihren späten Dreißigern war sie wirklich ausgesprochen schön und sexy; sie sieht einen mit ganz der lockenden Haltung der Stripperin an – »*du* kannst mich Colette nennen« –, ein bekannter Trick des Showbusineß. Damit stellt das Showgirl zwischen ihrem benannten Ich und dem namenlosen Betrachter eine Beziehung künstlicher Intimität her, in der Absicht, diesen zu entwaffnen.

Diese künstliche Schaffung eines Gefühls der Intimität mit Colette selbst ist es unter anderem, die ihren Werken ihre verführerische Qualität verleiht. Colette hat sicher nicht umsonst all die Jahre auf den Revuebühnen gestanden, wenngleich auch das Ausmaß ihrer Bereitschaft zum Exhibitionismus, das sie bis weit in ihre Fünfziger entgegen den Ratschlägen der meisten ihrer Kritiker auf den Brettern gehalten hat, im Zusammenhang stehen mag mit einer gewissen Fähigkeit, die Leute aus der Fassung zu bringen, die ihren Werken oft die Schärfe nimmt.

»*Du* kannst mich Colette nennen« liegt als Feststellung nicht auf derselben Ebene wie »Nenn mich Ismael«. Die sozialen Einschränkungen, die eine Frau im Laufe ihres Lebens erfährt, schließen noch immer das spontane, pikareske Abenteuer aus, das die künstlerische Lehre eines Melville, Lowry oder Conrad ausmachte, wogegen andere sozio-ökonomische Faktoren bewirken, daß die Frauen, die einen großen Teil der bestialischen Kehrseite der Welt kennen, zum Beispiel Prostituierte, am wenigsten in der Lage sind, diese unschätzbaren Erfahrungen in Kunst umzusetzen. Irgendwo sagt Norman Mailer, es wird keine *wirklich* großartige Schriftstellerin geben, eine *con cojones,* wissen Sie, und mit allem Drum und Dran, bis das erste Callgirl seine Geschichte erzählt. Obgleich man mit Sicherheit annehmen kann, daß es Mailer, wenn das geschieht, ganz und gar nicht gefallen wird, ganz und gar nicht, so liegt doch die unangenehme Wahrheit dieser herabsetzenden Bemerkungen in der Tatsache, daß die meisten Frauen keine Zugangsmöglichkeit zu so weitgehenden Erfahrungen haben, die, sind sie einmal verarbeitet, große Literatur hervorbringen. (Nun ja, aber was ist mit den Brontës? Als Töchter eines Reverend in einer ländlichen Slumgemeinde, als weit im Ausland herumgekommene Gouvernanten und schließlich Schwindsüchtige *besaßen* sie eine derartige Vielfalt von Erfahrungen.)

Das Leben Colettes war so pikaresk, wie es das Leben einer Frau nur sein konnte, ohne daß sie sich in allzu große Gefahr begab.

Ihr erster Roman ›Claudine erwacht‹ und seine Fortsetzungen erschienen unter dem Namen ihres Mannes. Dieser Mann, der seltsame Willy, einer der am häufigsten veröffentlichten Bohémiens der Belle Epoque, sorgte dafür, daß dem kleinen Mädchen aus dem burgundischen Dorf, Colettes beliebteste Verkleidung, in einem empfänglichen Alter nicht nur zahlreiche Prostituierte beiderlei Geschlechts begegneten, sondern auch *jedermann*, Proust, Debussy, Ravel, um nur einige zu nennen. Als Willy sie verließ, befand sie sich in der ungewöhnlichen Situation, eine Reihe von Bestsellern geschrieben zu haben, ohne jedoch irgendwelchen finanziellen oder künstlerischen Nutzen daraus ziehen zu können. Als sie in den Jahren vor dem Ersten Weltkrieg ihren Lebensunterhalt verdienen mußte, erkannte sie, daß sie nur eine Möglichkeit hatte, nämlich zur Revue zu gehen. Da sie aber weder singen noch tanzen konnte, trat sie auf als Sex- und Skandalobjekt, und nicht einmal als ein besonders hochklassiges Sexobjekt. Da Willy sie immer gern sexuell gedemütigt hat, bereitete es ihr nun zweifellos ein besonderes Vergnügen, ihre Sexualität nutzen zu können und sich dabei selbst unerreichbar und in Sicherheit zu fühlen. Nach Willy suchte sie Zuflucht im Kreise des lesbischen Establishments jener Zeit. Unsere hübsche Künstlerin hatte einen adligen Beschützer, die Marquise de Mornay; in jenen permissiven Zeiten war daran nichts besonderes, nicht einmal am Geschlecht der Marquise.

Dann folgte die Aschenbrödel-Hochzeit mit (Baron) Henry de Jouvenal, Herausgeber von ›Le Matin‹ und später hervorragender Politiker. Eines interessiert mich an Colette: Wann hat sie aufgehört, über ihr Alter zu lügen? Die sinnliche Tänzerin ging auf die Vierzig zu, als sie Jouvenal heiratete. »Aber das Standesamt muß doch das Alter wissen«, beklagte sie sich einmal bei einem Freund. Es kommt eine Zeit, da gibt eine Frau gern ihr Alter preis, nur um die Leute sagen zu hören: »Wie jung Sie aussehen!« Diese Zeit scheint Colette später erreicht zu haben als die meisten Frauen, als es dann aber soweit war, sonnte sie sich in ihrem Alter, wie in allem sonst auch.

In der Folge dieser typischen, ja fast Hollywoodkriterien erfüllenden edwardianischen Karriere wachsen in Colette nicht eine, nein, zwei Schriftstellerinnen heran. Die eine schreibt 1910 ›La vagabonde‹, einen Roman, der noch immer eine der aufrichtigsten Darstellungen des Dilemmas einer freien Frau in einer von Männern beherrschten Gesellschaft ist. Vielleicht lehnte es Colette in ihrer triumphierenden Kurzsichtigkeit der eitlen Frau ab, ihre Gesellschaft als männerbeherrscht zu betrachten. Für sie ist das kein Dilemma; es gibt keine wirkliche Alternative. Man *ist* frei. Im selben Jahr begann die andere Schriftstellerin, die, die unserer hübschen Künstlerin eher verwandt ist, als Journalistin für ›Le Matin‹ zu schreiben; auf diese Weise hat sie auch den Herausgeber kennengelernt. Renée Néré, die Music-Hall-Künstlerin in ›La vagabonde‹ zieht es vor, allein zu bleiben, Colette dagegen heiratete, und sie verheiratete sich gut. Ihre Hochzeit besiegelte zugleich auch ihr Schicksal als Journalistin, was wiederum ihr Schicksal als Schriftstellerin besiegelte, da beide Berufe sich gegenseitig irgendwie ausschließen, selbst bei gleichzeitiger Ausübung.

Colette arbeitete ab 1919 für das Feuilleton von ›Le Matin‹ und war von da an fast ohne Unterbrechung auf die eine oder andere Weise für Zeitungen und Zeitschriften tätig, während sie fortfuhr, mit ihrer literarischen Produktion und von Zeit zu Zeit als Schauspielerin auftrat. 1924, nach ihrer Scheidung von Jouvenal schrieb sie zum ersten Mal weder unter dem Namen Colette Willy, noch unter dem Namen Colette Jouvenal, sondern einfach unter dem Namen »Colette«. Ihre dritte Heirat etwa zehn Jahre später hätte sie nie dazu bewegen können, sich in Colette Goudeket zu verwandeln, auch wenn Colette nicht ihr eigener, sondern der Name ihres Vaters war. *So* leicht kann man patriarchalische Kriterien schließlich doch nicht stürzen, selbst wenn der Name des Vaters eine entfernte Analogie zu »Liebling« aufweist, und der Vater selbst so schwach und kraftlos ist, daß man nur ganz entfernt die Macht eines Patriarchats erkennen konnte. Jedenfalls war jetzt sie »Colette«, und das für alle Zeiten.

Als Schriftstellerin, im Journalismus, wie auch in einigen ihrer Romane, nutzt sie die Intimkenntnisse der Stripperin dem Leser gegenüber recht rücksichtslos aus. Sie hausiert mit der Annahme, daß den Leser ihre Mama interessiert, weil es die einzigartige Mama der einzigartigen Colette ist. Man gewinnt den Eindruck, daß die Details aus ihrer burgundischen Kindheit, endlos wiederholt und über Jahre hinweg endlos ausgeschmückt, gespeist werden aus einer wichtigtuerischen Kindlichkeit, wie zum Beispiel aus der naiven Erwartung, daß es die kleinsten Details der Eß- und sonstigen Gewohnheiten der Familie Colette wert sind, darüber zu berichten. So käme es einem grob vor, wollte man fragen: »Was soll das Ganze überhaupt?«

In ihrem eigentlich literarischen Werk spielt sie selbst oft eine nicht unerhebliche Rolle. Sie geht dabei nicht so weit, daß all ihre Romane nur von ihrer Kindheit, ihrer Zeit in der Music Hall, den traurigen Wahrheiten, die sie aus ihren unglücklichen Ehen destilliert hat, handeln, wie das in diesen ganzen Novellen – ›Chambre d'hôtel‹, ›La naissance du jour‹ – der Fall ist; und auch viele ihrer Kurzgeschichten sind in der ersten Person von einer Colette geschrieben, die sich ganz präzise als Subjekt und Objekt zugleich darstellt. In der Penguin-Sammlung mit dem Titel ›The Rainy Moon‹ handeln die meisten Geschichten von Colette selbst, wenn schon nicht in einer Hauptrolle, so doch in der der passiven Erzählerin. Stets weist sie sich selbst eine Rolle zu, gerade so, als könnte sie es nicht ertragen, sich selbst auszulassen, nicht selbst auf der Bühne zu stehen.

Nach ›Gigi‹ 1942 hat sie das Romanschreiben völlig aufgegeben; ›Gigi‹ ist ein Belle-Epoque-Märchen über den augenscheinlichen Triumph der Unschuld, das übelkeiterregend wäre, wäre es nicht so zynisch. Ihr Spätwerk bis zu ihrem Tod im Jahr 1954 besteht hauptsächlich aus einer Reihe ausführlicher autobiographischer Träumereien, zu denen auch ›Blaue Flamme‹ und ›L'etoile vesper‹ gehören. Diese und die Bände eines autobiographischen Journalismus, die ihnen vorangegangen waren, ›Claudines Mädchenjahre‹* (im Englischen hat man dem Werk den merkwürdigen, an die Bibel erinnernden Titel ›My Mother's House‹ gegeben – im Französischen heißt es ›La maison de Claudine‹), ›Sido‹, ›Meine Lehrjahre‹, ›L'Envers du music hall‹ u. s. w. sind in sich selbst eine seltsame Form von literarischem Striptease, eine Selbsterforschung, die gierig jede noch so kleine Erfahrung der Vergangenheit in fast unmittelbarer Form benutzt.

Dennoch hat dieser endlose Fluß von Erinnerungen nichts von einer Beichte an sich. Colette erzählt einem nie von sich selbst. Statt dessen beschreibt sie sich selbst. Nur wenige Schriftsteller haben ihre eigene äußere Erscheinung so häufig beschrieben; »wildes« Kind mit langen, blonden Zöpfen; Braut »mit den Farbflecken roter Nelken auf dem Oberteil ihres weißen Brautkleides«; in Dinner Jacket mit Monokel; schwanger, mit dem Aussehen »einer Ratte, die ein gestohlenes Ei verschlingt«. Und so weiter.

Sie erweckt den Eindruck, alles zu erzählen, in einer undefinierbaren literarischen Form, die man inzwischen aus dem Fernsehen als »Dokumentarspiel« kennt. Robert Phelps ist es gelungen, aus Colettes verstreuten Reminiszenzen eine völlig zusammenhängende Autobiographie zu konstruieren und ›Das Paradies auf Erden‹ so zu präsentieren, als wäre es nicht eine erfundene Parallele zu ihrem wirklichen Leben, sondern die Realität selbst. Alle Biographen Colettes berufen sich weitgehend auf die Quellen, die sie selbst ihnen erschließt, sogar Michèle Sarde in ihrer kürzlich erschienenen erschöpfenden, überlangen Lebensbeschreibung; es ist, als könnte man jedes Wort, das Colette über sich selbst gesagt hat, auf die Goldwaage legen, auch wenn es sich um Ereignisse handelt, die schon viele Jahre zurückliegen, und als hätte ihre Ehrlichkeit eine Bedeutung in sich. Dies ist das Gefühl der Vertrautheit, das Colette schafft; man fühlt, daß man sie kennt, weil sie gesagt hat, »*du* kannst mich Colette nennen«, obwohl sie das zu jedem sagt, der bezahlt.

Und dennoch sind diese Erinnerungen, diese Erfahrungen mit ungeheuer bewußter Kunstfertigkeit und einem völligen Mangel an Spontaneität konstruiert. Sie muß von

* Im Deutschen später unter dem Titel ›Mein Elternhaus‹

Balzac die Vorliebe dafür übernommen haben, die Menschen, die sie am meisten liebte und bewunderte, einschließlich ihrer selbst, als Akteure in einem *lebenden Bild* darzustellen, als Wesen, die in sich selbst vollständig sind und nicht durch die Blicke eines Betrachters, der wiederum selbst Teil des Bildes ist, verändert werden können; sie beschreibt vollendete Objekte aus einer perfekten Perspektive heraus, fast wie ein Trompe l'oeil, das fest eingeschlossen ist im klaren Bernstein ihrer Prosa. Ihr Porträt ihrer Freundin, der Dichterin Renée Vivian, in ›Le pur et l'impur‹ hat die begrenzte Qualität eines Romans aus dem neunzehnten Jahrhundert. »Ich erinnere mich an Renées fröhliches Lachen, ihre Lebhaftigkeit, den hellen Lichtschimmer, der in ihrem goldenen Haar bebte; all das zusammen betrübte mich wie das Glücklichsein blinder Kinder ohne Licht.« Colette hat in diesem Porträt völlig die Möglichkeit irgendeiner Form von Innenleben jenseits von Colettes Vorstellung außer Acht gelassen, von Innenleben, das nur Renée Vivian allein gehören könnte. Dies steht stellvertretend für die flimmernde Galaxie heterogener Menschlichkeit in Colettes »Dokumentarspielen«. Die vermeintliche Objektivität ihrer Prosa ist nur Mittel zum Zweck, um diese Menschen auf ihre eigene erzählerische Subjektivität festzunageln.

Die Porträts von Renée Vivian, von Künstlerinnen wie La Belle Otéro und Polaire, sogar von Willy und später ihrer eigenen Tochter sind exemplarisch wegen ihrer Präzision und beunruhigend wegen ihrer inneren Distanz. Selbst in Berichten über ihre geliebte Mutter forderte Colettes echte Prosa implizit die Bewunderung des Lesers heraus sowohl für die Qualität der Beobachtungsgabe als auch für die Geschicklichkeit, eine andere Zeit und einen anderen Ort nachzuschaffen. Dann stellt man plötzlich schockiert fest, daß man dazu verführt worden ist, nicht eine bewundernswerte Frau zu bewundern, sondern Colettes Liebe zu dieser Frau. Colettes Prosa ist narzißtisch in sich.

Also sagt uns ihre scheinbar völlige Rückhaltlosigkeit schließlich doch überhaupt nichts von ihren realen Beziehungen, und ihre Egozentrik wird zu einer Falle, zu einem Werkzeug gleich einer Maske, hinter der sich völlige Zurückgezogenheit aufrechterhalten läßt. Ihre an Besessenheit grenzende Liebe zum Make-up, zur Bühne und zur Verkleidung läßt den Wunsch zur Mystifikation, ja fast schon zum Sich-Verbergen erkennen. Die Tochter des Capitaine Jules-Joseph Colette des Zouaves konnte zufrieden in dem Bewußtsein sterben, daß sie nie von jemandem außerhalb der engsten Familie beim Vornamen genannt worden war, auch nicht von einem ihrer drei Ehemänner.

Da sie nun anscheinend ein zutiefst unaufrichtiger Mensch gewesen ist, scheint es keinen Grund zu geben, warum sie in dieser Hinsicht *nicht* zufrieden gestorben sein sollte. Die beste Lüge ist schließlich die Wahrheit. Colette war wirklich ihr Name. Ihre Kindheit *war* eine burgundische Idylle, auch wenn sich später eine ihrer Schwestern das Leben nahm, während ein Bruder alle zweitausend Briefe Colettes an ihre Mutter verbrannte, als wollte er sichergehen, daß jedenfalls einige Dinge heilig und vor der unmäßigen Materialgefräßigkeit der Tochter bewahrt blieben. Denn die Erfordernisse des Journalismus hatten Colette auf die verzweifelte Suche nach Material getrieben. Hat ein Journalist einmal die Machtgrundlage für einen Personenkult gelegt, fühlt er oder sie sich wahrscheinlich wirklich ermutigt, immer und immer wieder die eigenen Meinungen und Anekdoten durchzuarbeiten.

In Colettes Romanen zeigt sich eine andere Wirklichkeitsqualität als in ihren autobiographischen Stücken, denn ihre Romane sind Fiktion und von daher Wahrheit. Der Rest ist Journalismus und kann daher nur ganz oberflächliche Züge von Wahrheit aufweisen, selbst wenn der Journalist behauptet, jede einzelne Begebenheit habe sich tatsächlich ereignet.

In ihrem ersten Roman, ›Claudine erwacht‹, bringt Colette Claudines Mutter um, bevor die Handlung überhaupt beginnt. Claudine, ihr erstes Alter ego. Dies ist eine sehr viel interessantere Tatsache als die besessene Gefühlsduselei über ihre eigene, wirkliche Mutter, die sie später in ›Mein Elternhaus‹, ›Sido‹ und ›La naissance du jour‹ von sich gibt. In diesem letzten Roman, tatsächlich eine offensichtlich in die Fiktion übertragene Dokumentation, die mit realen Plätzen in der Provence und einigen realen Personen arbeitet, verherrlicht Colette buchstäblich ihre tote Mutter, erwähnt aber mit keinem Wort ihren dritten Ehemann, Maurice Goudeket, den sie glücklich von ihrer Seite verbannt hatte, als sie kritzelte: »Ich habe für meine Torheiten bezahlt, den zu Kopf steigenden jungen Wein, der mich vergiftet hat, weggeschlossen und mein weites, schwebendes Herz entfaltet.«

Wie weit Colette schließlich an ihre eigene Mythologie von sich selbst glaubte, ist natürlich eine andere Frage. Goudeket selbst ist ihr in diesen Dingen rückhaltlos gefolgt. In seinen Erinnerungen an ihre gemeinsamen zwanzig Jahre, ›Près de Colette‹, hebt er als ganz besondere Merkmale ihre bäuerliche Weisheit und ihre kindhafte Begeisterungsfähigkeit hervor. Ihm verdanken wir die Anekdote über ihre Begegnung mit einer Katze in New York: »Endlich jemand, der französisch spricht!« Michèle Sarde wiederholt das, ohne zu erröten, als erführen wir daraus etwas über den Witz und die Weisheit von Colette. Michèle Sarde hat Mythologie für bare Münze genommen. Die Anekdote *sagt* uns aber wirklich eine Menge über Colette. Sie zeigt uns, wie weise sie ihren letzten Lebensbegleiter ausgewählt hat, ihren Boswell, ihren gläubigen PR-Manager über den Tod hinaus.

Goudeket schwärmt: »Sie besaß so viele Fähigkeiten, die ihr nie verlorengingen. Für sie stand Lebenskunst vor der Kunst zu schreiben. Sie hatte für alles ein Rezept, sei es für Möbelpolitur, für Essig, Orangenwein oder Quittengeist, für die Zubereitung von Trüffeln oder die Aufbewahrung von Leinen und anderen Materialien.« Französisch, sagt er – sie war französisch bis in die Fingerspitzen und hoffnungslos provinziell, selbst noch nach sechzig Jahren völligen Eintauchens in den berauschenden Strudel des Pariser Künstlerlebens. Französisch und provinziell wie Elizabeth Davids ›Die Küche der französischen Provinzen‹, und ebenso zur Veröffentlichung bestimmt.

Ich muß sagen, diese unverwüstliche Fähigkeit der gewissenlosen Selbstpublizistin zum Betrug und zur Täuschung gehören heute zu den Dingen, die ich an Colette am meisten respektiere, ja sogar verehre. Die Biographie Michèle Sardes zeigt trotz aller Dummheit und Kritiklosigkeit, bei allem Bestreben, falsche Parallelen zwischen Kunst und Leben zu ziehen, daß es die leidenschaftliche Integrität in Colettes Narzißmus war, der sie unvergänglich werden ließ.

Man kann ihre gesamte Karriere als Schriftstellerin, so wie sie von Willy, der sie dann um die ersten Früchte ihrer Arbeit betrogen hatte, in die Wege geleitet worden war, als Racheakt an ihm betrachten. Eine bestimmte Art von Frauen, von eitlen Frauen, was bedeutet, Frauen mit Selbstachtung, fühlen sich durch die Niederträchtigkeit anderer angespornt. Hätte Reverend Brontë die Ambitionen seiner Tochter unterstützt und ermutigt, was hätten die armen Dinger dann wohl getan? Ich glaube nicht, daß Leonard Woolf seiner Frau einen Gefallen damit getan hat, daß er sie bemutterte. Nachdem Colette den liebenswerten und liebenden, intelligenten Goudeket kennengelernt hatte, hat sie nur noch wenig Literatur von größerer Bedeutung geschrieben.

In Simone de Beauvoirs Memoiren gibt es die Beschreibung einer Dinnerparty, an der Beauvoir mit Sartre teilgenommen hatte und bei der Colette, damals schon die herausgeputzte Heilige Kuh der französischen Literatur, mit den »Jungs«, wie das so ihre Gewohnheit war, über Hunde, Katzen, Strickmuster, le bon vin, les bons fromages und so weiter daherschwatzte und Simone de Beauvoir nur die dürftige Aufmerksamkeit eines gelegentlichen stechenden Blicks zukommen ließ. Beauvoir dachte, Colette mochte keine Frauen. Möglicherweise dachte Colette, die niemals bouleversée war von einem großen Geist und die sich vielleicht insgeheim einen Spaß daraus machte, einen großen Geist mit den Kernsätzen ihrer bodenständigen burgundischen Weisheit zu langweilen, nur über die Frage nach, die sich jede denkende Frau in der westlichen Welt irgendwann einmal gestellt haben mußte: Warum vergeudet ein nettes Mädchen wie Simone ihre Zeit damit, sich an einen langweiligen alten Kerl wie J.-P. zu hängen? Ihre Memoiren handeln ganz überwiegend von ihm; er dagegen erwähnt sie kaum. Colette hätte das intuitiv *gewußt*.

Natürlich hätte Colette ebensowenig ›Das andere Geschlecht‹ schreiben können wie Beauvoir nackt auf einer öffentlichen Bühne hätte tanzen können. Und das definiert die Grenzen dieser beiden großen Damen; gerade in dieser Fähigkeit der Stripperin zur Selbstausbeutung gründen die meisten von Colettes späteren Werken. Man kann sich schwer vorstellen, daß Colette die Sorbonne besucht hätte und im Abschlußexamen nach Sartre die Zweite geworden wäre, oder nach jemand anderem die Zweite. Sie mußte immer die Nummer eins sein, selbst wenn sie ein ganzes Literaturgenre neu erfinden mußte, und sich selbst noch dazu.

Selbst nach all den Jahren noch scheint Beauvoir stolz darauf zu sein, daß nur Sartre in jenem Examen bessere Noten erzielen konnte als sie. Was wäre wohl passiert, so fragt man sich, wenn sie an die Spitze gelangt wäre? Was hätte es für Sartre bewirkt? Allein der Gedanke daran macht einen schwindlig. Nur die Liebe kann bewirken, daß man noch auf einen Platz unter »ferner liefen ...« stolz ist. Hätte die Liebe J.-P. in dieser Weise stolz gemacht?

Aber Colette glaubte einfach nicht daran, daß die Frau zum anderen (zweiten) Geschlecht *gehörte*. Eine von Goudekets Anekdoten aus ihren letzten Jahren macht das besonders deutlich. Er schob sie in ihrem Rollstuhl in ein Ferienhotel hinein. In der Hotelhalle erhob sich Applaus von begeisterten Fans; sie war in Frankreich schließlich eine nationale Institution. Colette schien gerührt: »Sie haben mich vom vergangenen Jahr in Erinnerung behalten.« Das ist keine Bescheidenheit, wenngleich Goudeket vorgibt, das zu glauben; es ist Ironie, hoffe ich, denn wenn es keine Ironie ist, was ist es dann? Welch abstruse Eitelkeit könnte es für völlig normal halten, daß einer kleinen alten Dame vom Hotelpersonal ein so lebhafter Empfang bereitet würde? Natürlich glaubte sie bis zum Ende nicht daran, wirklich berühmt zu sein. Sie wußte, sie war nicht berühmt genug, um ihr unersättliches Ego wirklich befriedigen zu können. Glücklicherweise kannte sie ihren Stellenwert nicht.

Der Glaube jedoch, Frauen wären nicht das andere (zweite) Geschlecht, heißt einen ganzen Bereich sozialer

Realität außer Acht lassen, so einleuchtend und mitreißend die Zähigkeit und Elastizität von Colette und den meisten ihrer Heldinnen auch sein mochten, insbesondere nach dem Wiederaufleben der rührseligen, rückgratlosen weiblichen Heldin, die in den Siebzigern so beliebt war. (Die zombihaften Kreaturen in Joan Didions Romanen zum Beispiel; die auferstandenen, überspannten Dämchen von Jean Rhys, von denen so viele Statistenrollen in Colettes eigenen Geschichten aus dem Paris der zwanziger Jahre hätten spielen können.) Colette verkörperte den Status quo der Weiblichkeit, nicht nur in Bezug auf ihren äußeren Glamour, sondern auch auf ihre Fähigkeit, der Langeweile der Männerherrschaft zu widerstehen und sie zu untergraben. Das macht sie zu einer ambivalenten Verbündeten der Frauenbewegung. Sie ist wie manche Gewerkschaftsführer, die viel Zeit damit verbringen, sich das Ansehen des Managers anzueignen, so daß sie darüber die großen Ziele des Sozialismus aus den Augen verlieren.

Ihre Romane, anders als in ihren journalistischen Schriften, sind dem Gedanken des Kampfes der Geschlechter gewidmet – »Liebe, das Brot meiner Feder«, bemerkt sie in einem aufschlußreichen Satz. Aber in Colettes Kämpfen steht stets der Ausgang fest: Der Mann gewinnt nie, es sei denn, die Frau ist wie in der Kurzgeschichte ›Die Leutnantskappe‹ so dumm, zu glauben, eine Liebeserklärung sei gleichbedeutend mit einem Einstellen der Kriegshandlungen.

In den kurzen, einfühlsamen, ironischen Romanen ›Erwachende Herzen‹, ›La vagabonde‹, ›Chéri‹ und ›Chéris Ende‹, mit denen Colette ihren Anspruch auf künstlerische Ernsthaftigkeit begründen will, spielen Männer eine dekorative, aber unnütze Rolle. Der herrliche Jüngling Phil in ›Erwachende Herzen‹ räkelt sich bequem am Strand, während die kleine Vinca ihr Picknick vorbereitet; ihre Rolle ist die einer Dienenden, aber das macht ihn zum Parasiten. Die schöne (und finanziell unabhängige, wie so viele von Colettes Heldinnen) Dame, die ihn verführt und die er seine »Meisterin« nennt, ist in Wirklichkeit ganz und gar nicht Vincas Rivalin, sondern eher eine Mitverschwörerin in dem häßlichen Plan, aus Phil »einen

Mann zu machen« mit aller dazugehörigen Oberflächlichkeit, Arroganz und Selbstgefälligkeit.

Renée Néré, die Vagabundin, macht zärtlich aus ihrem reichen Freier eine angenehme, unerfüllte Erinnerung, da dies für sie die einzige Form ist, ihn in guter Erinnerung zu behalten; sie kennt die Wahrheit des Märchens ganz genau und weiß, daß ein Kuß den Prinzen auf der Stelle in einen Frosch verwandelt. Léa entwächst Chéri einfach, was hart für Chéri ist.

Die beiden Chéri-Romane sind wahrscheinlich Colettes Meisterwerke, wenngleich sie uns heute so »historisch« in ihrer Atmosphäre vorkommen, daß ihr luxuriöses edwardianisches Dekor den eigentlichen Kern an emotionaler Wahrheit fast verwischt. Je weiter sie in die Geschichte zurückweichen, um so mehr wird das Dekor verschwinden; es wird uns etwas bleiben, das sich nicht wesentlich von ›Gefährliche Liebschaften‹ unterscheidet. Sie sind Meisterwerke, da sie über den Begriff des Kampfes zwischen den Geschlechtern hinausgehen, indem sie sich auf eine ungewöhnlich eingehende Analyse der Spielregeln des Krieges konzentrieren. Léas finanzielle Unabhängigkeit wird allerdings als selbstverständlich vorausgesetzt; anders wäre nach Colettes Auffassung keine wirkliche Beziehung möglich.

›Die erste Madame d'Espinant‹, ein kurzer, im Jahr 1941 veröffentlichter Roman über Apanage-Situationen in den oberen Gesellschaftsschichten, ist in diesem Zusammenhang interessant, da er speziell von einer Frau als ökonomisch abhängigem Wesen handelt. Ich vermute, das ist es, was Colette gemeint hat, als sie sagte, es sei die genaueste Abrechnung mit den Gegebenheiten ihrer zweiten Ehe, die sie sich selbst jemals zugestanden hätte, denn de Jouvenal hatte theoretisch während der Dauer ihrer Beziehung die Kontrolle über ihre gemeinsamen Finanzen. Ohne eigenen finanziellen Rückhalt ist Julie de Carneilhan die Betrogene und wird von ihrem Ehemann ihrer Selbstachtung beraubt, so daß sie schließlich bei ihrem Bruder und ihrem Vater Zuflucht sucht, ein offensichtlich phantastisches Ende, das im Schatten des nahenden Krieges eine angemessene patriarchalische Lösung anbietet. Seltsamerweise trennt ein anderer Krieg, nämlich der Erste Weltkrieg, die beiden Chéri-Novellen; jeder außer Colette hätte gedacht, daß die Schützengräben Chéri zu einem *wirklichen* Mann machen würden, nachdem er nun Léas mütterlicher Umklammerung entronnen war. Sie wußte, daß das so einfach nicht war.

Die Chéri-Novellen handeln von den Machtmechanismen der Liebe, und Léa und Chéri stehen exemplarisch für fast jedes Geschlecht und jedes Alter. Es ist keineswegs mit dem ›Rosenkavalier‹ zu vergleichen, obwohl wir auch Léa zum ersten Mal in ihren anmutigen späten Vierzigern begegnen, etwa fünfundzwanzig Jahre älter als ihr knabenhafter Liebhaber. Doch genauso gut können beide Männer sein; oder Frauen. Psychologisch gesehen, könnte Chéri Chérie sein und Léa Léo, wären wir in unserer Sozialstruktur nicht so sehr an die sexuelle Eitelkeit mittelalter Männer gewöhnt; ein gutaussehender, erfolgreicher, wohlhabender fünfzigjähriger Léo könnte wohl der Meinung sein, daß Chéri mit fünfundzwanzig, nach einer sechs Jahre dauernden Affäre, für seinen Geschmack langsam zu alt würde. Doch auch der Altersunterschied ist nicht der eigentliche Punkt der Geschichten: Der Punkt ist, daß Léa die Zügel in der Hand behält. Der einzige Mensch, der diese Romane aus einem ausreichend kühlen und dialektischen Blickwinkel heraus verfilmen könnte, ist Faßbinder, und er ist auch der zeitgenössische Künstler, der die größte Ähnlichkeit mit Colette hat. Nicht daß sie in irgendeiner Weise ein politischer Mensch im Faßbinderschen Sinne gewesen ist, aber sie beobachtete mit scharfem Blick und zog die richtigen Schlußfolgerungen.

Wenn man die Idealisierung der Vergangenheit im überwiegenden Teil von Colettes Werk betrachtet, so verwirrt einen die Moral der Chéri-Romane: Erinnerung tötet. Als Chéri seine alternde Mätresse nach dem Krieg und einer Abwesenheit von sieben Jahren besucht, findet er nicht den verblaßten, rührenden Hauch von Liebe und Schönheit vor – nicht sie, Mademoiselle Haversham – sondern eine dicke, angetrunkene, absolut nicht wiederzuerkennende alte Dame, die nicht bereit ist, ihm zu verzeihen, daß er einmal vor ihren Falten zurückgeschreckt ist. Es folgt keine zärtliche Szene beim Besuch von Juliets

Grab, sondern die überraschende Aufforderung, erwachsen zu werden und zu vergessen, die Chéri aufgrund seines Temperamentes unmöglich akzeptieren kann. Chéris einziger Ausweg ist, sich eine Kugel in den Kopf zu jagen. Léa ist gezwungen, sich selbst als menschliches Wesen zu rekonstruieren, um den Schmerz über Chéris erste Zurückweisung überleben zu können; die rekonstruierte Léa zerstört Chéri zwangsläufig allein durch ihre Existenz.

Colettes »persönliche« Stimme fehlt eigentlich in dieser Parabel. Die wesentlichen Charaktere sind entweder Huren oder Kinder von Huren. Alle sind sie reich. Wenn Colette die gesamte »Colette-Industrie« in Gang gesetzt hat, um für sich selbst künstlerischen Freiraum und Privatsphäre zu schaffen, um diesen abschreckenden Bericht über Begierden und falsches Bewußtsein zu verfassen, dann war es das wirklich wert.

Penguin bringt noch immer Neuauflagen von Übersetzungen verschiedenster Herkunft der meisten Werke Colettes heraus; manche davon, besonders die von Antonia White (die Claudine-Bücher) sind deutlich handlicher als andere. Diese schlanken Bände sind meist in zarten Pinktönen aufgemacht, in Schattierungen von Pink, Flieder, Mandelgrün, vergleichbar den Farben in Léas Wäscheschublade. Die hervorragenden Photographien aus der Zeit auf den Umschlägen stellen sich häufig als Bilder von Colettes eigenem füchsischem Gesicht in einer Vielfalt von Maskierungen heraus – Matrosenanzug für ›Gigi‹, große Toilette für ›Le pur et l'impur‹. Women's Press setzt eine Kohlezeichnung der greisen Colette, füchsischer denn je, auf ihre Ausgabe von ›La naissance du jour‹. Der Personenkult um Colette, zu dem Michèle Sardes Biographie ›Colette‹ einen würdigen Beitrag leistet, schreitet immer noch rasch voran, obwohl er von der Künstlerin in ihr ablenkt und sie immer mehr zu einer Figur von historischer Bedeutung macht, zu der Frau, die etwas *getan* hat, die eine Schlüsselposition in einer Zeit sozialgeschichtlichen Umbruchs, 1873 bis 1954, einnahm, und das meiste von dem, was sie selbst erlebte, niedergeschrieben hat.

Abgesehen von den ›Chéri‹-Romanen und ein oder

zwei anderen *waren* ihre Werke insgesamt außerordentlich schwerfällig, wenn auch nicht im literarischen Sinne; sie hat sich aus einer Art Selbstbesessenheit heraus eine Karriere geschmiedet, die üblicherweise für eine Frau nur zu Tränen vor dem Schlafengehen, für einen Mann zu Höhepunkten führen kann. Um so besser für sie. Ich habe ein Patenkind, das nach ihr benannt ist. Oder vielmehr, so sind nun einmal die Widersprüche in all diesen Dingen, nach Capitaine Jules-Joseph Colette, dem einbeinigen und bankrotten Steuereinnehmer.

›London Review of Books‹, 1980